Ⓢ新潮新書

北川智子
Tomoko L. Kitagawa

ハーバード 白熱日本史教室

469

新潮社

まえがき

ハーバード大学は、米国マサチューセッツ州ボストンの隣町ケンブリッジにある、世界的知名度を誇る大学です。この大学で日本史と数学史を教えるのが、私の仕事です。ハーバードの先生になってから早くも3年がたち、この仕事の面白さと重要性を日々、感じているところです。嬉しいことに、最初は16人の受講生しかいなかった私の日本史のクラスに、今や251人の履修者が押し寄せ、日本史のクラスがかつてない人気を呼んでいる状況です。

どうしてハーバード大学で、日本史が人気になったのでしょうか。そこには、様々な理由があります。

一つは、私の歴史へのアプローチが、従来の歴史研究者のスタイルとは全く異なっており、それが私の所属する東アジア学部以外の学生にも興味深いものと評価されるようになったこと。次に、コンピュータを使って実際に日本史を「体験」させる斬新な教え方が学生の心をつかんでいること。そして、ハーバード大学のクラスの評価方法が、人気に拍車をかけていることです。そのような日本史人気のルーツの一つ一つをたどるように、この本を書いてみました。

第一章は、高校でも大学でも理系の学生だった私が、突然日本史をはじめて、ハーバード大学で日本史の先生になるまでを描いたエッセイです。どんなハプニングの末に、この仕事についたのか、その道筋をたどってみました。従来の日本史の語り方の弱点に気づいた経緯と、これまでの私の経験がどのように新しい教授法と結びついていくか、その2点に注目していただければと思います。

第二章は、私がハーバード大学で教えている日本史のクラス「Lady Samurai」の概要を紙上で再現してみた出張講義です。Lady Samuraiという言葉を聞かれたことのある方は、ほとんどいらっしゃらないでしょう。なぜなら、私がつくった言葉だからです。私は、Lady Samuraiという新しい歴史概念こそが、日本史を大きく前進させる要素だと考えています。どうしてこのような新しい概念が必要で、21世紀に見合った日本史作りを可能にしているのか。簡単にかいつまんでお話ししますので、ぜひ聞いてください。

第三章では、「先生の通知表」と題して、ハーバード大学でのクラス評価の仕組みや私の教えたクラスの評価を分析します。さらに、日本史を履修する学生たちの生活ぶり等、内部事情をお話しすることにします。学生生活やこの大学特有のイベントなどを紹介する、ハーバード大学体験ツアーです。

そして、私のもう一つの日本史のクラス「KYOTO」の出張講義を第四章に。ここでは、歴史そのものよりも、アクティブ・ラーニングという新しい教授法について詳しくご説明します。京都の歴史そのものよりも、最新のコンピュータ技術を駆使した宿題と、学生によってつくられていく京都の歴史ラジオや歴史映画の話を中心に、京都を舞台にハーバードの学生が繰り広げる「日本史バトル」をご紹介します。

最後の第五章では、世界の中での日本史の位置づけと日本史のこれからについて、私のいま思うことや、私が提唱する「印象派歴史学」の醍醐味をお伝えしたいと思います。実は、このハーバードでの日本史人気は、大学での教育にとどまらず、日本の皆さんにとっても重要な意味があることをお伝えします。どうして私の日本史が新しいのか？どうして日本史が新しくなくてはいけないのか？「日本史が今、早急に書き直されなくてはならない」という理由を記した、私からあなたへの「あるメッセージ」にたどりつく時まで、その2点を念頭において読んでみてください。

日本史というと、受験の一科目として記憶されている方や、古くさくてつまらないものと思われている方も多いかと思います。でも、この本はちょっと違います。もっとチャーミングなものです。

皆さんが、最後ににんまりと微笑まれることを祈って、まずは2004年の夏の話から始めましょう。

ハーバード白熱日本史教室——目次

第一章

ハーバードの先生になるまで

東アジア学部が入る建物「イェンチン」

物語には「始まり」がある。
もし、私の半生にも「始まり」があるとしたら……。

２００４年の夏。ケンブリッジの暑い日。
ハーバード大学の校庭でクラスメートと仰向けになって空を見ていた。
木陰が日向に変わるまでそこにいて、話をしては笑いあった。
そして、そこにふとあらわれた難題が、私を大冒険へと連れていった。

そんなふうに、なんとなく、すべてはとつぜん始まった。

大学の専攻は理系だった

２００４年夏のはじめ、私はカナダの州立大学を卒業したばかり。バンクーバーにいた。
九州の高校を卒業して、初めての海外旅行先だったカナダ。何もかもが素敵に見えてたまらなかった。高校は理数科だったので英語は得意ではなかったが、どうしてもカナダに行きたくなり、ブリティッシュ・コロンビア州の州立大学ＵＢＣ（ブリティッシュ・コロンビア大学）に入学した。

そこで専攻したのは数学と生命科学（ライフサイエンス）。数学の卒論は、ダブル・レインボーという魅惑の二重虹を方程式にして、光が回折するその様子をコンピュータにとりこもうと、幾何や代数を駆使した「虹のプログラミング」のプロジェクトを手掛けた。ライフサイエンスの方では、動物がどうやっておしゃべりするのかを調べるため、ねずみの迷路での行動パターンを観察して論文を書いた。その理系の私が、なぜか、その秋からは同じ大学で日本史専攻で大学院に入ることになっていた。カナダの大学で数学を勉強するのはともかく、カナダの大学院で「日本史専攻」とはどういうことか。実際、本人もよくわからなかった。

どうしてそんなことになったのか。それは卒業後の進路を考えていた秋に、ある教授のアシスタントのアルバイトをしたことがきっかけだった。

その教授は日本史の専門家だった。当時の私は、数学科の学生なのに、日本語が読めるというそれだけの理由で彼のアシスタントに雇われ、リサーチを手伝っていた。彼の指示に従い、黙々と日本史の史料を集めて読んでいた。

その史料は、遠い昔に私が日本の中学校で習った、豊臣秀吉というサムライの動きをたどった日記のようだった。著者はお坊さんのようである。「昔のお坊さんはサムライの動向を逐一日記に記していたのか」と、知らないことを知る喜びがあり、リサーチをするのが楽しかった。

しかし、昔の記録とその記録に関する日本の学者の議論を読んでいくと、そこには漠然と大きな間違いがあるような気がして仕方がなかった。説明できないぐらいぼんやりと、だが確実に、私はオカシさを感じた。

そのぼんやりとした感覚を、雇ってくれていた日本史の教授と、当時アジア学部の学部長だった学内のもう1人の日本史の教授に伝えてみた。すると、教授2人は辛抱強く私の話を聞いて下さり、「大学院で日本史を勉強しないか」と誘ってくれた。

もともとカナダでも、大学院とは専門学科を大学時代に4年間勉強してから入るものである。私のように数学と生命科学をダブルで専攻し、その4年プログラムを3年で突っ走って卒業したようなガチガチの理系の学生が、勉強したこともない文系の科目で大学院に進学するなど実質不可能に近かった。しかし、そんな転科した上での大学院入学も、2人の教授の熱烈な推薦状で難なく決まってしまった。こうして、私は突然、日本史を勉強することになったのである。

ハーバード大学に行こう！

進学というより突拍子もない転学を控えたその夏。まじめにバイトでもして時間をつぶせばよかったのだろうが、私はもう一つ、とんでもないことを思い立ってしまった。

ハーバード大学のサマースクールに行こう！

ブランドに憧れる、そんな年頃だった。ネームバリューのある名門校に、ただ行ってみたかった。

夏期留学を思い立ったとたん、にんまりしながら地図に向かい、計画に入った。バンクーバーから南へ旅したことはあった。シアトルには何度も行ったし、ちょっと足を延ばしてロサンゼルスやサンフランシスコに飛行機で飛んだこともあった。しかし、東海岸に行くのは初めてだった。

東海岸か……。日本を出て、憧れのカナダに行ったときの気持ちになった。ハーバードは、ケンブリッジというところにあるのか……。未知の世界。心が弾んだ。

しかし、もちろん現実はそんなに甘くない。卒業したての私は早速、現実の問題に直面する。ハーバード大学の学費はとても高いのだ。せっかく行くなら数学のコースも政治のコースも、とにかくいろいろと勉強してみたかった。しかし、授業料が高すぎて無理。そこで、1コースにしぼって単科留学生になることにした。いうなれば、ヴィトンが欲しいがバッグには手が届かず、仕方なくお財布を買うような論理だった。

わずかばかりの貯金の全額と荷物一つを持ってバンクーバーを離れた。ボストン直行の飛行機に乗るお金がなく、バンクーバーから3時間半かけてシアトルまでバスで行き、アメリカ国内の格安航空会社のキャンセル待ちという最安値のチケットでボストンまで飛んだ。行ったら行ったで、まともなアパートを借りる予算などあるはずもなく、ケンブリッジ周辺で一番安いMIT（マサチューセッツ工科大学）の私設女子寮に入った。まさに貧乏を極めながら手にする小さなヴィトンだった。

そうやって始めた憧れの東海岸での留学生活だったが、バンクーバーという綺麗な都会で大学生活を送った私には、アメリカの歴史ある街ケンブリッジがとてつもなく汚い街のように思えた。それは、古めかしいレンガの建物を見慣れていなかったせいに違いなかったが、ケンブリッジはバンクーバーと似たところがまるでない「異国の地」に感じられた。

しかも、夏のケンブリッジは蒸し暑い。朝起きると、湿気がまといつくように襲いかかる。安さが売りの女子寮にはクーラーなどあるはずもなく、しかも全ての寮生がネズミとの戦いに動員される始末だった。この街のネズミはなかなか手強いことで有名で、たしかに私が相手にしていた実験室のねずみとは全く違うたぐいの生き物だった。最初の3日間は戦況不良、というより大苦戦だった。退治できないネズミとの共存を強いられ、その不快感と敗北感たるや、ほとんど「新しい感覚の発見」に近かった。連日の熱帯夜が神経をむしばみ、強烈なホームシックに陥った。あと一日学校が始まるのが遅かったら、あまりにも不衛生で劣悪な居住環境に、しっぽを巻いて帰省していたにちがいない。

ケンブリッジ到着から4日目。待ちに待ったハーバード大学最初の授業である。開始2分前、私はクラスルームのドアを開けた。

日本史に女性が全く登場しない！

ハーバード大学で唯一受講することにしたのは、「ザ・サムライ」という大げさな名前の日本史のクラスだった。少人数のクラスで、始まりは縄文時代で終わりが現代。もしコースのタイトルを翻訳するならば、「短期特講・日本史概論」といったところだ。

初日は縄文時代から古墳時代までの日本をざっとさらった講義だった気がする。竪穴式住居やら石器時代の道具やら……。先生すら、面白くないけどとりあえず、という感じで講義をしていたのがありありだった。しかし、「明日からはサムライが登場するよ！」と、にんまりして帰って行く先生の笑顔は不思議にたのもしく、いまでも印象に残っている。

先生の予告通り、次の日のクラスからは毎回、相当数のサムライが登場した。日本人の受講生は私だけだったが、その唯一の日本人の私にとってさえ、それまでに見聞きしてきたサムライを全部足しても1回の授業で出てくるサムライの数には到底かなわない。それくらい圧倒的な数のサムライが登場した。ちょっと前の大河ドラマや時代劇のビデオ。西洋版サムライパロディに、もしかしたら水戸黄門までいたかもしれない。とにかく、「ある種のサムライ」がわんさといた。教鞭をとっていたハロルド・ボライソ先生の膨大なサムライ・コレクションには感服せざるをえなかった。この徹底ぶりがハーバードか、と。

授業では、もっぱらサムライ文化を賞賛していく感じだった。たとえば、源義経と弁慶の話。童顔の義経とがっちりした弁慶。そのギャップのなかに生まれる闘争心と忠誠心。並外れた身体能力。楠木正成のサムライらしからぬ潜伏ゲリラ攻撃。戦国時代の武将たちに徳川御三家。明治の志士たちは、もちろんクラスのハイライトである。史実よりも伝説と、その伝説を讃えつづけた日本文化を時間順にたどっていく構成になっていった。

しかし、日を重ねる度に、私はそのサムライのクラスが嫌いになっていった。せっかくはるばる来たハーバード大学の授業なのに。

日本はサムライが全てなのか……

強さの伝説、それが日本史なのか……

やっぱり、日本史がオカシイ……

それこそが、バンクーバーで日本史の先生に熱意をもって伝えた感覚だった。サムライだらけの日本史は絶対に変だと、疑問を通り越して確信があった。実際に読んだ史料には、サムライのそばにたくさんの女性が登場した。こんなにも記録に残っている女性の話が、なぜ日本史の授業では省かれているのだろうか。授業のタイトルどおり、毎日サムライだらけの日本の歴史を聞きながら、やはりそんなはずはないと思うようになった。

そんなある日、「ザ・サムライ」の授業の後、学校の大きな木の下で、数人のクラスメートと一緒に寝転がって空を見ていた。暑い日だったが、風がやけに心地よい午後だった。授業の後は、たいていみんなで冷たい飲み物と大量のお菓子をカフェテリアで買い込み、こうやって芝生に寝そべっていた。気の合う友達がたくさんできて、何時間も外にいた。そして、いろんな話をした。クラスメートたちがいたおかげで、嫌々ながらも「ザ・サムライ」に毎日出席していた。

私は思い切って切り出した。「サムライのクラス、何か変だと思わない？」すると、一人が「どうして？」と聞いた。「うーん、よくわからないけど、女の人が出てこないから」と答えると、もう一人のクラスメートが同意してくれた。「サムライのクラスが間違っているかどうかはわからない。でも、女性が全然出てこないのは、確かに変だよね」。
そこで、みんなでどんな女性がいたんだろうね、と考えをめぐらせた。架空の人物像を次々想像し、おかしくてたまらなくなった。その日はずいぶん長いことその話題で盛り上がった。そして私は、「とにかくLady Samuraiは絶対にいたと思う」と言い張った。みんなも、いただろうね、と笑った。すると、だんだん本気でLady Samuraiの正体が気になっていった。その時のみんなの目は、素敵な光にあふれていた。それは、見たことのない強い輝き、好奇心の光だった。

これが全ての始まりになった。
この会話が私をハーバード大学の先生に導くきっかけになった。

大きな木の下で、みんなで想像した謎の歴史像。誰も答えを知らないこの難題。私はLady Samuraiを説明することに躍起になっていった。「ザ・サムライ」は絶対おかしい。何かがどこかに隠れている。ある種の使命じみた感覚にとらわれて、私はどんどんのめりこんでいった。

プリンストン大学の博士課程へ

「ザ・サムライ」のクラスとともに夏が終わり、私はバンクーバーに戻った。さっそく日本史専攻の大学院生活がスタートし、次の数ヶ月で忙しさにまみれるうちに、「ザ・サムライ」のクラスもハーバード大学の友人たちとの日々もよい思い出になっていった。そうして、Lady Samuraiという日本史の難題を解く使命だけが残った。

バンクーバーでの大学院2年目。あるLady Samuraiの記録をまとめた修士論文に着手し、卒業の見込みをたてた。そして、その論文の原稿を読んで、私の担当教官2人はアメリカの大学の博士課程に進むことをすすめて下さった。それもそのはず、その2人の担当教官はそれぞれ、コロンビア大学とプリンストン大学の出身だった。日本史をこれ以上勉強するならアメリカの名門大学で、という考え方で一致したらしかった。彼らは私を日本史の世界に引き込んでくれただけでなく、ここにきてさらなる後押しをして、方々の大学の博士課程に推薦状を出してくれたのだ。

アメリカの大学で博士課程に進むにあたっては、必要になる試験をたくさん受けた。GREという大学院入学のための共通試験の数学、英語、それにエッセイ（小論文）。

書類も半端なくそろえなくてはならない。果ては予防注射の証明書まで求められた。毎日うんざりするほど書き物をした。準備にはかなり手間ひまがかかったが、それでも「きっとなんとかなる」との確信があったので、つらくはなかった。むしろ楽しかった。

願書は、ハーバード大学、プリンストン大学、コロンビア大学、UCバークレー、UCLAへ出した。残念すぎることに、第一希望のハーバード大学からだけ合格通知がこなかった。ケンブリッジに戻りたかった私には、受け入れがたい現実だった。「ザ・サムライ」のボライソ先生は「優」という評価はくれたけれど、私の「Lady Samurai」論は嫌いだったのかな？　と、つらい思いをした。不合格通知の裏にあった事情など、この時は知るすべもなかった。

ハーバード大学でなければ、正直どこでもよかった。しかし、泣いていても仕方がない。Lady Samuraiだけはどうしても説明しないといけないという、あの夏の使命感だけが私を前に進めた。もし担当教官で選ぶとすれば、素敵な先生がいるUCLAに行きたかった。UCLAなら西海岸のロサンゼルスで、バンクーバーにも一番近い。ロサンゼルスに住めるといいなとも思った。しかし、大学院で勉強しているうちに、大学時代の友人たちは社会人2年目になっていた。働いている友人と会うたびに、私ももう自立しなければならない年頃だと感じていた。そこで、プリンストンという街がどこにあるのかも知らず、経済的に他の学校よりとびぬけてよい条件を提示してくれたプリンストン大学に行くことに決めた。

プリンストンはニューヨークから電車で1時間ほど南の片田舎だった。ニュージャージーの小さな街で、そこに住んだ1年は素敵だった。白鳥の飛来する池のほとりにあるかわいらしいアパートに住んだ。パラパラと緑に反射する光のダンスを毎日どこかで感じていた。部屋のブラインドから何重にも交わって差し込む朝日。車のバックミラーからラジオの音楽にとけ込むやわらかい昼の光。ワシントンロードの両側から圧力をかけてふいてくる風にのってくる光。反射が多くて、そこにあるべき影までも打ち消しているような、そんな明るい街だった。

プリンストンにしてよかったと思いつつ、私は意外なことに気がついた。いつもなら簡単にできる「光の計算遊び」が難度を増している。「光の計算遊び」とは、生活のなかの曲線を方程式にする一人遊びだった。虹の方程式の応用みたいなものだった。シンプルに切ったタマネギのカーブ、コーヒーに溶けていく氷の表面カーブ、一番好きなのは、とつぜん差し込んでくる光の反射曲線。美しいものを見ると立ち止まり、曲線の方程式を考えて遊んでいた。そうやって数式にすることで美しいものを自分の中に取り込める気がした。しかし、この街には私の想像をはるかに超える量の美しい曲線があり、それはまた美しく交差していた。プチ数学者だった私も、さすがに大好きな計算遊びがお手上げになり、改めて数学から歴史のスペシャリストに転じたことを納得していった。

プリンストンの最初の1年は、乱読に近い活動を楽しんだ。日本史ばかりでなく、まったく手つかずだった他の分野の本もたくさん読んだ。歴史の本はやはり特別に面白く、それぞれに新しい世界を展開していた。知らない国の、知らない時代の、知らない人々。残された史料から、彼らの生活と感情が語られて行く。まるでタイムトラベルのようだった。私は乱読できる時間に感謝した。眠りたくなかった。重なりあう光のすきまで、果てしなく、心地よく、読む活動を楽しんだ。歴史が好きでたまらなくなった。歴史という時間のつながりが一番好きになった。

東京、そしてニューヨーク

大学院の博士課程では、どの学部でもジェネラルズやコンプと呼ばれる筆記と口述の試験が待ち受けている。これは、2年目の終わりや3年目の半ばで受けることになる。

この大きな試験に通ると、大学院生は「博士号取得候補生」になる。博士課程の区切りにそびえたつ大きな試練だった。

プリンストン大学の文系学部でこの試験を受けるには、ある基準の単位数をとることが条件とされていた。さらに、英語の他にもう一つヨーロッパの言語が読めるようになることが、すべての文系の博士課程の学生に課されていた。しかも、私の場合は近代以前の日本史専攻なので、古文漢文、それに加えて中国語も読めなければならなかった。

どこから切り崩すべきかわからなかったが、仕方がないので1年目は山ほどコースをとった。フランス語の夏期集中講義にも通って、語学の試験を受けまくった。そうやってすべての語学の試験をクリアし、単位数を無茶苦茶なスピードで積み上げ、入学から1年と1ヶ月で早々にジェネラルズを受けさせてもらった。

ジェネラルズの試験分野は、自分で3つ決めなくてはならない。私は日本の中世史、日本の宗教、そして東アジアの数学史とした。Lady Samurai の論文を書くのだから、日本史と日本宗教史を専門分野にするのは当然だが、やはり数学からは離れられず、3つ目に無理矢理数学史をもってきた。

その3分野にわたり、筆記試験を1週間の後、口述試験を2時間半受ける。筆記の試験は、先生が出す問題に制限時間内で小論文を書く。3分野の中でも、メインになる1科目は重点的に書かねばならない。私の場合は日本中世史に相当の時間をかけた。実際の試験では、教授が出してくる5つの選択肢から3つ選び、3つの問題の答えになる小論文を3日かけて仕上げなくてはならない。短期小論文決戦といったところだった。あとの2つの分野も同様のスタイルで、教授の質問に答える形で小論文を提出する。

プリンストン大学では、試験を受ける際に「オナー・コード」というシステムがある。これは、学部生にも大学院生にも共通のものだが、試験は監督する試験官なしで行い、みずから不正しないことを誓う仕組みだ。学生は試験の解答用紙にオナー・コードを示す文言、つまり不正をしないことを誓います、という文章を書いて提出する。試験に試験官がいないなんて！　と最初は驚いたが、私も実際に試験官なしのままで部屋に誘導され、そこにこもって試験を受けさせられた。モラルがすべてという崇高な基本方針だった。

筆記試験を終えると、その筆記の回答をもとに教授が口述試験をする。3つの分野の先生が集まり、2時間半ほど質疑応答が繰り返される。1人の教授の部屋に全員が集結して一気に行う。タフなスケジュールだったが、無事にジェネラルズを通過した。

プリンストンの東アジア学部では、博士号取得候補生になった後に、1年から3、4年の間、研究対象国に留学する慣習があった。アメリカではできないトレーニングをしに出かけていく、いわば武者修行だった。私もジェネラルズの試験の後、東京大学史料編纂所に研究員として1年間お世話になった。中世の日本史を専攻する私の修行の内容は、くずし字で書かれた古文、漢文を読めるようになることだった。東京に住むのは初めてで、わくわくした。しかも日本の図書館は設備が充実している。都立図書館や国会図書館でまた乱読した。プリンストンでは読まなかった日本語の本をたくさん読んだ。

その後、博士課程の3年目はアメリカに戻り、ニューヨークに住んで、電車でプリンストンに通った。大都会の雑踏の中、日本史に向かい合った。ニューヨークはとにかく音が多く、光が少ない。そんな都会の中でも、ある光の密集スポットを見つけた。ハドソン川沿いの公園。木と木の間に木漏れ日がふんだんにある、その場所。そこに座っていると、考え事がすーっと溶けていく気がした。コロンビア大学の図書館を利用しながら、ハドソン川の川辺のベンチで博士論文を書いた。冬の雪の日でもそこにいた。夏はもちろん毎日そこに居座った。

そうやってプリンストン大学入学から丸3年、博士号を取得した。そして、とんでもないことが起こる。私はケンブリッジに戻ることになったのだ。

大雪のシカゴで面接

ニューヨーク、ハドソン川沿いのパワースポットのおかげで、博士論文の目鼻立ちが、かなり早い段階ではっきりしてきた。正確に言うと、ニューヨークに住んで半年である。つまり、博士課程の3年目の半分が過ぎた頃、論文が終わるメドがたった。博士課程は基本的に入学から5年で終えることが目標とされていたし、その時点ではまだ2年半も余裕があったのだが、せっかく論文が終わるのならばと仕事探しをはじめることにした。自主的に始めた就活だった。

とりあえず、ハーバード大学の「カレッジ・フェロー」という、大学院を出てすぐの新米が1年から2年教えられるという、その年に新設されたばかりのポジションを見つけ出願した。ちょうど日本中世史の募集があったので、とりあえずのつもりで応募してみた。博士課程の入学がかなわなかった大学である。はっきりいって期待していなかった。

しかし、書類選考に通過したらしく、その1週間後にシカゴで開催される東アジア学会の会場でインタビュー（面接）をしますとの連絡がきた。とてつもなく寒い3月の日だった。大雪で、ただでさえ家を出るのがおっくうだった。その学会に行くつもりもさらさらなかった。しかし、インタビューとなると行かざるをえない。早速、ニューヨーク発シカゴ行きの飛行機を予約し、シカゴへ発った。

シカゴもニューヨーク同様に寒く、雪もやたらと積もっていた。インタビューの朝は早起きをして準備を整え、ホテルでゆっくりしていた。窓から外を眺めると雪だったがタクシーがびゅんびゅん通っており、インタビューの30分ほどまえにホテルを出れば充分に間に合うな、と暢気《のんき》に朝食を食べながら時間をつぶした。

すると、朝食を食べていたその20分の間に大雪が降り始めた。吹雪だ。ホテルの玄関にいくと、さっきまであんなにいたタクシーが見当たらない。聞くと、その一帯の道路がマラソンのために封鎖されたという。これには驚き、たじろいた。雪での閉鎖ならばともかく、こんな天候でマラソンを強行開催するとは。

ホテルからインタビュー会場までは、タクシーでいくとバイパスを走って5分くらいである。インタビューは30分後にせまっているのに、封鎖された道路を迂回して歩かなくてはならない。当然、回り道を余儀なくされるので、30分以内での到着は無理な距離だった。この時点で遅刻は確定していた。

しかし、せっかくのハーバード大学のインタビューである。しかも、シカゴまで飛んできたのだ。そう簡単にあきらめるわけにはいかず、大雪の中、3歩に1回はすべりながら会場まで歩いた。吹雪のため、コートはもちろん中に着ていたスーツもびしょぬれだった。しかも、髪の毛はシャワーを浴びたてのようにずぶぬれになってしまったのにタオルがない。もちろんお化粧など全滅である。

歩くこと40分。すでに10分遅刻はしていたが、学会の目の前の交差点までたどりついた。すると、そこで右手からマラソンランナーが大量に迫ってきているのが見えた。とんでもない。そのグループが走り始めたら、しばらく道路が閉鎖され、横断できない。インタビューが終わってしまう時間になる。仕方がないので、警備の人が見ませんようにと祈りながら、マラソングループの前を横切る形で走って道路を横断した。普通ならとりおさえられるはずだが、大雪のせいで警備の人も気づいてもとめられない状況に違いないと思った。

決死の横断は成功した。そして、ずぶぬれのまま15分の大遅刻をして、待ちくたびれた面接官のハーバードの教授の前に立った。もちろん初対面である。このファーストインプレッションは相当のインパクトだったに違いない。

あまりのみすぼらしいその状況に、面接官の教授は呆れるよりも逆に心配してくださった。そして幸い、インタビューは行われることになった。博士論文やフェローになった場合のプランを、その後20分にわたって話しあった。

そして、夢にも見なかったことが現実になった。吹雪のシカゴマラソン事件からほどなく、カレッジ・フェローとして採用するとの通知がきた。日本史に転科した時同様、またしても熱意が伝わってしまった。そして、実は「ザ・サムライ」のボライソ先生が、あの夏のすぐ後、ご病気で退官なさっていたこともあわせて知った。

再びケンブリッジへ

ボライソ先生の突然の退官後は、他大学からの訪問教授が日本史のクラスをつないでいたらしかった。そこで、思い出の「ザ・サムライ」のクラスを「Lady Samurai」というクラスに替えて、新しいカリキュラムをつくった。渾身のお手製クラスである。教えるのがとても楽しみだった。

登校あらため通勤1日目。東アジア学部は、あの夏と同じようにそこにあった。ただ、みんなで寝転がって青い空を眺めていたあの大きな木がなくなっていた。木が寿命をむかえたらしかった。しかし、その木がないおかげで、もっとたくさんの光が差し込んでいた。ハドソン川の10倍くらいの光を感じた。

そのこぢんまりとした、レンガ造りのビルディング。イェンチンと呼ばれるその校舎に、東アジア学部の教授室と教室はあった。

そーっと重いドアを開け、大きく深呼吸した。

静かなイェンチンには、誰もいなかった。一瞬、初めてこのドアをひらいた時のことを思い出した。たくさんのクラスメートにボライソ先生。「ザ・サムライ」の思い出で、胸がいっぱいになった。

2階には学部の事務所があり、スタッフ数人とすれ違った。若すぎる年齢と、実年齢よりもさらに若く見える外見があいまって、大学生がうろうろしているんだろうと思われたのか、誰にも話しかけられることはなかった。まさか私が新任の先生だなんて誰も思っていないようだった。

それも仕方がない。ハーバード大学の教授たちは、長年かかってテニュア（終身雇用の教授職）に就く。そして、基本的に引退年齢はない。多くの教授たちと私では20歳、

30歳、果ては45歳以上もの差があった。そのうえ歴史の博士号は、取得に通常5年以上、多くの場合7年、さらに10年もめずらしくないという長丁場の学位である。それを3年で走りきった私は、多くの教授ばかりでなく、大多数の大学院生よりもぐんと若く、「大学生の仲間」と見られても仕方なかった。

まずは学部長に挨拶し、事務の方にオフィスの鍵をいただいた。イェンチンのすみっこの小さな部屋。聞くところによると、日本史の受講生は年々減少の一途をたどっており、私の前任の先生のクラスには2人の受講生しかいなかったらしい。教養学部の科目であれば、もうすこし受講生は多いけれど、東アジア学部はとにかく少人数のクラスばかりで、学部生用のクラスが10人を超えることはめずらしい、とも聞いた。しかもルーキーの年になる今学期、誰も私の名前を知らない。私のクラスは、もしかすると1人または最悪0人、それくらいの受講人数になることは覚悟しておいて、と学部長直々に告げられた。私は着任したての自分への期待値の低さに愕然とした。正確に言うと、0人を覚悟するのに期待値という概念はあてはまらなかった。

自分の大学時代を思い出すと、少人数のクラスはほとんどなかった。カナダの州立大学で数学と生命科学を専攻、国際比較政治を副専攻したが、理系の場合、100人を超えるイントロのクラスから始まって、実験やセミナーですら20人そこそこは集まっていた。政治クラスのセミナーでは少ない人数の時もあったと思うが、それでもやはり20人ぐらいだったと思う。

そんなマンモス大学で過ごした学生時代の記憶をたどってみて、実際に歴史のクラスを履修した経験も、ましてや教えた経験など一度もないという致命的な新事実にも気がつき、笑うほど驚いた。それにしても、1人とか2人とか5人の日本史のクラスなんて……。とりあえず、マンツーマンの家庭教師をイメージしてみた。

弱小の東アジア学部

ハーバード大学の学部生には、必須の教養のクラスと専門科目、少しの選択科目の枠がある。つまり、数学専攻の学生も、人類学専攻の学生も、共通して教養のクラスをとる義務があり、その他に自分の専門の学部で卒業までに必要なだけの単位をとる。それら必須の教養と専門科目のほかに、好きな科目を自由にカウントしてよい選択科目の単位があった。

東アジア学を専攻する学生は実に少なく、副専攻の学生も含めてやっと二桁になるくらいである。東アジア学部が弱小である事実は否めない。専攻の人数が少ない上、選択科目の枠を東アジア学に投じるようなハーバードの学生は珍しい。そのため、履修者が1人とか2人とか5人とか、そんな受講人数になるのも当然である。

テニュアの教授たちは、教養科目も教えられる。したがって、その教授たちが教養学部のコースで教えるクラスは大人数になることはしばしばあった。しかし、教養ではない東アジア学部専門科目の大半は、家庭教師クラスにとどまっているらしかった。学校の仕組みと学生数から考えて、その点に疑問はない。

さらに難点がもう一つ。ハーバード大学には毎学期の第1週、「ショッピング期間」という、学生が自由にクラスを見てまわっていい制度がある。たとえば秋学期にどのクラスをとろうかと考える時に、まずウェブサイトに書かれたコースタイトルとコースの内容、先生の名前を見る。一学期に4コースをとるのが基本なので、そのうち一つは教養、2つは専門、一つは選択にしようと思う学生がいた場合、教養学部のクラスの中から、3つほどとりたいクラスの候補をえらび、専門の中でも3つほどクラスの候補をあげ、さらに3つほどいいなと思う選択科目をリストアップする。そこで、学校がはじまると最初の週は友達とリストを見比べ、自分の候補の教養3つ、専門3つ、選択3つプラス友人が見つけてきたコース2つ3つの合計十数クラスを見てまわる。ぶらぶらとウィンドウショッピングをしながら十いくつかの店を見てまわり、最終的に必要なアイテムとちょっと気に入ったアイテムを合計4つの店で買うといった具合だ。

この「ショッピング期間」と呼ばれる最初の週の売り出しに、東アジア学部のクラスはめっきり弱い。選択科目は山ほどあり、学生は何でも自由に選べるため、ほかの学部の人気コースに学生が流れてしまうのだ。つまり、仮にショッピングに足を運んできてくれても結局は買われないという悲しい結果になってしまう。理由はいろいろ考えられるが、東アジアのコースを買ってもらうのは至難の業だというのが、先生側も学生側にも共通認識としてあった。

日本史となると、さらにハードルが上がる。中国が大きな経済力と存在感をもつ現在、中国への興味がある学生はいても、日本の歴史まで範囲を広げてくる学生はあまりいない。ハーバード大学で日本史を学ばなければいけない理由がどこにあるのか、誰も思いつくまい。私がアメリカの大学生でも、見向きもしなかっただろう。

ルーキー教師の私は、期待されることもなく、履修者がいないという学部の根本的な大問題に立ち向かおうという気合いもさらさらなかった。1人か2人、せいぜい5人くらいに教えられればよいと気楽に構えていた。自分が作ったクラスをハーバード大学で教えられるだけでも幸せだったし、「これからどんな論文を書こうかな」と自分の研究のことで頭がいっぱいだった。全くのお子様だった。

手応えを感じた1年目

最初の秋学期は、さっそく自前の日本史コースを2つ教えることになった。一つは、満を持しての「Lady Samurai」。そしてもう一つは、東アジア学部の大学院生用のセミナーだった。0人覚悟のルーキーにプレッシャーなどなかった。依然として、家庭教師デビューね、と気楽に構えていた。

結局、「Lady Samurai」には、イェンチンの小さな教室に16人が集まり、大学院生用のセミナーには6人が受講登録した。この数に驚いた教授がたくさんいた。0人でも2人でもなく、10人を超えたのだからニュースである。それでも、マンモス大学出身のルーキーである私にとっては少人数クラスに思えた。とりあえず家庭教師でなく大学のクラスが持てることになったのはよかった、と単純に喜んだ。

16人の日本史クラスを教えるのは、毎回楽しかった。「ザ・サムライ」のクラスを思い起こすと、女の子は私とダニエラの2人だけで、あとは男子学生ばかりだったが、私の「Lady Samurai」のクラスはその反対だった。男子が2人で女子が14人。なんとも「美しい」雰囲気が漂う、心優しい学生たちのごく平和なクラスだった。

授業には、サムライの映像は入れなかった。読み物中心で、英語に訳された史料を次々に読んでいくカリキュラムを組んだ。毎回授業のはじめに、学生が読んできた内容についてプレゼンする仕組みにしたので、単調なパターンの割に学生たちは楽しんでいるようだった。授業は最終日まで滞りなく進み、最後のクラスで学生たちが「Lady Samurai は存在した！」と納得の声をあげてくれたのが印象的だった。その瞬間、あの夏の日の午後から5年半の間、没頭してきたLady Samurai の発掘作業に、一区切りついた気がした。

大学院の授業も、6人のアットホームな雰囲気ながら、毎回真剣な議論を行うという刺激的なセミナーになった。毎週水曜日の午後に集まるまでに、全員が1冊の本を読み、その本のレビューを書いてくる宿題つきのクラスだった。博士課程に在籍する学生が2人と修士課程が4人。日本語が上手な学生も、日本語を習っている途中の学生も混じっていたが、日本中世史の英語の学術書を読むには十分な知識を備えた6人組だった。

その後、ルーキーの年の春学期に、「KYOTO」というこれまたお手製のクラスを教えた。受講生は、男女の比率が五分五分の20人。いろいろなバックグラウンドの学生がいる、楽しすぎるクラスだった。中世の京都のありとあらゆることを盛りだくさんに詰め込んだカリキュラムだった。私自身も楽しんだ夢のようなクラスだった。

冬のあいだは雪の降り続くケンブリッジも、春がくると一気に優しい風がふく。「KYOTO」のクラスみんなで、シーバー・ホールという歴史ある建物の中の教室を飛び出し、すっかり暖かくなった春の日に、ハーバード・ヤードにあるメモリアル・チャペルの階段に座って授業をしたりもした。コンピュータと黒板のかわりに大きな画用紙をもっていって、外で授業をしたのは思い出深い。さらに、せっかく「KYOTO」の歴史を扱うクラスなのだからと、日本からハーバードに研究にいらしていた駒村圭吾教授夫妻に手伝っていただき、着物でレクチャーをしたこともあった。

そんなこんなで、ルーキーの年はあっという間に過ぎた。カレッジ・フェロー2年目への契約更新もしていただき、無事に1年目が終わった。そこで、自分へのお祝いにと小旅行にでかけた。まずは、久々に帰るバンクーバー。先生たち、友人たち、そしてホストファミリー。それぞれに、たくさんのお土産話を持ち帰った。その旅行の間に、めでたくも学生の評価で決まる学校のティーチング・アワードまでいただいたとの連絡がはいった。０人覚悟のダメモトな心境が功を奏したのかもしれないが、とにかくビギナーズラックとはこのことを言うに違いない。そう思いながら、４ヶ月もの長い間、論文を書きながら楽しい夏休みを過ごした。

履修者が一挙に増えた2年目

あわただしかった1年目の後、２年目はコースを教える順番を替えることになった。秋学期が「KYOTO」で春学期が「Lady Samurai」。秋学期の「KYOTO」には38人の受講生があつまり、この学期もまた本当に楽しかった。必死すぎて、何をどう教えたかよく覚えていない。とにかく知っていることをしゃべり、学生の質問と興味の向く方向へ授業をもっていった。楽しむことに徹した。

そして、２年目の春学期の「Lady Samurai」のクラスを迎える。心が自然と、ギュッとなった。

このクラスには人が集まる――。

根拠はないが、なぜかいい予感があった。ショッピング期間冒頭のクラス。この日の朝に限って、何か特別な感覚が襲ってきた。

　昔から決まっている。いい日になるようにと祈る、そんな大事な日に着るものはぜったいに赤のトップ。冬の雪が降りしきる寒い中、七分袖の赤を着て出かけた。スライドも完璧。イェンチンのオフィスを出て深呼吸する。大音量でショパンを聞きながら雪のハーバード・ヤードに向かった。あまりの雪で、ゆっくりしか歩けない。途中何度も立ち止まっては、雪の降り止まない空を眺めた。

　最初の授業の場所はホールデン・チャペル。ハーバード・ヤードの中にある、こぢんまりとした建物だ。去年の16人の「Lady Samurai」のクラスの時よりも5倍ぐらいの学生が入れる、大きなクラスルームをいただいた。初めての大きな教室に、胸の音が高まった。とにかく悔いが残らないように――。不思議と武者震いを感じた。

　チャペルには、すでに学生の姿があった。数人の女の子、数人の男の子。みな知らない子ばかりだった。そして、1年目のセミナーで受けもったことがある顔見知りの大学院生が1人来ていた。なんという気遣いか、彼は励ましとサポートに来てくれたと言う。彼のその真摯《しんし》な姿勢に、今朝の妙な直感はやっぱり当たっていると確信した。

　そして、不思議と何も怖くなくなった。初めての大きなクラスルームだが、このチャペルには足がなじんだ。なんだかわくわくした。

最初のクラスは、学生の目線から物事を始めること。彼らの知っている範囲の知識をどう拡げられるのか、その説明をする。ハーバード大学は、7分遅れで授業をスタートさせる。つまり11時半の授業開始ならば、実際には11時37分に話を始める。ありえないような遅刻を前提とした、いわば合理的なルーズさだ。しかし、その7分が、その日だけは異常に長く感じた。

11時37分。さあ、始めよう。

ずいぶん人が来た。50席あまりは全て埋まってチャペルが満員御礼。立ち見もちらほら。その人数の多さに、大きな感激が胸に波をうって広がった。ワイヤレスマイクをつけて一言目を発すると、次から次に言葉が溢れた。笑顔で話をした。学生の視線を体中に感じた。

12時をまわる。スライドをめくる。

12時10分、次のスライド。

12時15分、その次のスライド……。

と、突然、緊張がプチッと切れた。

12時15分、私は話をやめた。

「脱線話」に注がれた真剣な視線

チャペルは、そのドアが閉まらないほど立ち見の学生で埋まっていた。立ち見にもかかわらず、学生たちは30分以上、ぴくりとも動かずに私を見ていた。その真剣な視線に圧倒され、突然ふうっと力が抜けたのだった。

チャペルに備え付けてあったグランドピアノの椅子に倒れるように腰掛け、深呼吸をして言った。

「ちょっと休憩。私の話をするね」

もちろん学生たちは驚いていた。先生が休憩？　そんなバカな。

全ての学生の視線と関心ととまどいが、突然座り込んだ私に注がれていた。そして始めた「ザ・サムライ」の話。私が彼らの年齢だった時のハーバードの日本史クラスの話。そして、そこからどういう経緯で「Lady Samurai」などという博士論文を書くことになり、このクラスを教えることになったのか、簡単に説明した。休憩の脱線話を、学生たちは真剣に聞きいっていた。

しかし、先生としては脱線しっぱなしでは困るので、「こんなふうに、出来事と出来事がつながりあって、新しいアイデアが生まれるんだよ」と付け加えた。つまり、思いがけないところに始まりがあって、歴史はそんなふうに変わっていくんだ、と。

私がこのハーバード大学で、「ザ・サムライ」のクラスをたまたま受講したことで、今こうして「Lady Samurai」というクラスができた。そして今、80人あまりがこのクラスで勉強しようとここに集まっている。弱小東アジア学部のクラスに80人が。そんな出来事のつながりが、また新しい歴史をつくるんだよ、と。

緊張は、次第に一体感に変わった。学生は「ザ・サムライ」の脱線話から、瞬時にして私の歴史観を体得していた。思ったより分かりやすい話にまとまったようだった。嘘のない出来事のつながり。そのかっこつけないシンプルな歴史の美しさが気に入ったようだった。

大学で歴史を学ぶ意味

でも、このクラスで私が教えたいのは、出来事のつながりだけじゃないんだよ――。

立ち上がった私は、クラスの説明に戻った。ショッピング期間の最初のクラスでは、内容もさることながら、どんな課題や宿題が出されるのかを学生は気にしている。全員が休憩モードから立ち直るのを感じた。

このクラスが目指すこと。それは、まず現実の問題に近い状況を想定すること。学校は仮想現実的な面があって、実際社会に出て働くとその厳しい現実やルール、責任に誰もが驚く。私も学生時代にインターンをいくつか経験した。短い間ながら、働いた経験はとても貴重だった。大学と社会の差の大きさを感じた。だからこそ、社会に出る前に大学で必ず身に付けなければならないことを大学のクラスに取り入れようと思った。

大学では、個々人が好きな科目を好きなだけ勉強できる。それだけに個人作業にばかり追われ、自分の優秀さをアピールすることに夢中になる。しかし、そんなことは大学を出たら出来るはずがない。他人の意見を聞いて、力を合わせて考えてみること。他人と自分の両方を信じること。それこそが社会では役立つ。だから、私は自分のクラスでは他のクラスとは違ってグループワークを課す、と説明した。この発言に、学生たちはあっけにとられる。

続けて、このクラスのモットーを発表した。まず個性。さらに付け加えるとすれば、感性。「らしさ」にこだわること。優等生の枠にとらわれず、自分にしかできないオリジナルなアイデアを繰り出す。その気持ちを大事にしてほしい。だから、このクラスの課題には、いつもクリエイティビティのポイントをつける。好きなようにやっていい。このクラスにとってのチャームポイントは個性にあるんだよ、と。

学生たちは、これまた「ノー！」と悲鳴をあげる。グループでの課題やら、個性をモットーにする歴史のクラスなど、聞いたことがないのだろう。しかし、それはネガティブな反応ではなく、ポジティブな緊張と意気込みの反応に感じられた。柵の中ですくすく育った動物たちが、広い草原に思いを巡らせるような目をしていた。みんな、わくわくしている。強烈な興奮が教室内に広がった。そうして最初のクラスは終わった。

満員のチャペルから、ざわつきながら学生が帰って行く。途中で座りこんだけれど、そして自分でも驚きの展開になったけれど、とても満足だった。ざわつきが消えるのと同じ振幅で、私の鼓動もゆるやかに平穏を取り戻して行った。

大雪のキャンパスを歩きながら、足を止めて思った。この瞬間が区切りだ、と。これまでは、たくさんの人に支えられて、愛されて生きてきた。愛されることで満たされてきた。子供だった。しかし、これからは違う。私は大人。先生として、学生たちをどれだけ愛せるか。学生をもつ立場になって、彼らに力強いメッセージを送りつづけるために、私にも学ぶべきことがある。

突然現れた次なる難題は「大人になること」。それは、まわりの人を愛することだ。愛されることよりずいぶん難しいように思えた。

愛することって何だろう？　わからなかった。しかし、この難題に立ち向かうことは、いやじゃなかった。同時に、あの「始まり」の時と同じするどい衝動を感じた。

「Lady Samurai」の次の難題。学生のための先生になること。

私は、２年目の春にして覚悟ができた。初めて頑張る理由を見つけた。誰が何と言おうとも、私は私の歴史を教える。私は「Lady Samurai」の語り手。いい先生になろう。

驚異の履修者１００人超え

結局、２年目の春のクラスには、ホールデン・チャペルには入りきれない１００人を超える数の学生が登録した。１０４人。期待値ゼロだった新人は、２年目の春にして受講者数を三桁の大台にのせた。

新しい教室は、ハーバード・ヤードの中のボイルストン・ホール。フォング・オーディトリアムという名のついた綺麗なレクチャーホールだった。自分の背丈の3倍ほどあるスクリーン。胸にはワイヤレスマイクをつけての講義。その講堂は2年目の私には上等すぎるものだった。16人の去年のクラスから考えると、超絶なる飛躍をとげた。

毎回の授業の前は、おまじないのようにショパンを聞いて、雪のハーバード・ヤードを歩いた。心地よい緊張感に包まれた。授業をする日もしない日も、100人以上を相手にレクチャーできることは、とても幸せに思えた。最初の数週間は、勢いにまかせてぐんぐん進んだ。私が進めたというより、学生のやる気が大きく後押ししていた。知識欲と個性。みなぎる真剣なまなざしが本当にまぶしかった。

たまにボライソ先生と「ザ・サムライ」のクラスメートのことも思い出した。あの時から何年経っただろうか。そんなに長くはない。しかし、私は変わった。あの時はハーバード大学の夏期単科留学生。あの「始まり」のひと夏に出会った難題は、私を弱小学部ではありえない、大きなクラスをもつハーバード大学の先生にした。

しかし、そんな感傷にゆっくり浸る間もなく、春学期は進んでいった。内面では緊張していても、パニックに襲われようとも、毎回授業の90分だけは立派に先生役を全うしなくてはならない。学生はみんないい顔をしている。調子良さそうにしている子はもちろん、なにかに悩んで寝ていなさそうな子も、若いエネルギーに包まれて、みんな輝いて見える。この子たちみんなによい将来が待っていますように。バックグラウンドも全然違う学生たちだけど、私にとってはみんなかわいい。彼らを愛する使命をひしひしと感じた。

毎日は足早に過ぎていった。教えることは本を読むよりも、先生に質問するよりも、何よりも価値があるように思えた。私は、自分が学生に伝えたい気持ちから、学生の反応から、たまに起こるハプニングから、日々いろんなことを学んだ。がむしゃらに、できるだけのことをした。

楽しむことは忘れたくなかった。笑う余裕も忘れたくなかった。このクラスのオリジナリティーは、私という人間の面白さにあると信じて教室の演壇に立った。その自信だけは絶対に失ってはいけないと、いつも誓った。毎回、自分ができる最高のことをやる。できなかったことは、次に引き継ぐ。自己最高記録は、いつも更新されるべきもの。本当にがむしゃらだった。

日本史の語り方を変えたい

授業を進めるのは謎解きのようだった。

「Lady Samurai」という、私が作った歴史の概念。結局、この言葉にはどのような意味がついていくのだろうか。学期も半ばを過ぎるころから、私は考えることをやめなかった。

若い彼らにとって、歴史は遠い昔のお話である。大多数の学生にとって、日本史は「外国」の歴史。だからこそ、日本史特有の話に限らず、もっと大きく歴史がもつ面白さを前面に出すようにした。

歴史がみんなを強くする理由。それは、2つあると繰り返した。

一つは、時に隠された意味を見つけること。時は、経てば経つほど遠く、古くなるわけではない。時には意味がある。意味を見つけられた過去や意味づけられた過去は、どんなに昔のことでも、忘れかけていた一瞬でも、現在と直接の関係を持つようになる。それが、時の秘密。みんなはここで一緒に新しい意味を見つけているんだよ。時の秘密を探っているんだよ。それは、それぞれの人生で、役に立つスキルなんだよ。そう言い続けた。

2つめは、時の重力を感じること。時は、いつも同じペースで積み重なっている。1

秒1秒に、同じ重力がかかっている。昨日は最悪で今日はまあまあと思っていても、昨日も今日も、数日後ふりかえるとある「1日」。最悪の中からいい考えが浮かんだり、まあまあの日に見た月が忘れられなかったり。時のなかには、様々な意味が含まれているからこそ、昨日が今日より駄目な理由はどこにもない。つらい気持ちの日も、幸せいっぱいの日も、将来にとっては同じ重力がある。だから、毎日どこでどんなことをしていても、その1秒1秒に同じ重力がかかっていることを忘れてほしくない。

そんなふうに、日本史にとどまらない、生活に役立つ歴史の奥深さに重きをおいて話をした。日本史は決して特別なものではない。歴史の学習がこの学生たちの将来に何か役に立ちますように。そういつも願った。

クラスを教えない日は、黙々と論文を書いていた。その合間にピアノを弾いては、また考え、眠れずにいた。一人っきりになりたくて、数日間家にこもったりもした。そんなある日、家にこもりっきりで、食べたい気持ちも何もなくなって、程よく憔悴した頃、衝撃的なバッハのフーガを聞いて、だいたいの答えが見えた。

今まではショパンが一番のお気に入りで、ほかの作曲家には目もくれなかった。しかし、刺さるようなフーガを聞いて、何かが違うと感じた。そして、初めてバッハを弾いてみた。

ショパンのワルツだと、右手で旋律をひいて、左手はぶんちゃちゃとリズムをきざむ。しかし、バッハの場合は主旋律、つまりメロディが右手と左手を交差していく。その様子からヒントを得た。

ショパンのワルツは、まるで従来の日本史のよう。男性が歌い、女性はそのメロディをかざるもの。しかし、バッハは違った。右手と左手が交互に主旋律をつむいでいく。そうして交代でメロディを奏でる音楽こそが、私がめざす歴史叙述なのだ。ショパンをバッハに替えるようなイメージが重要だった。そうやって、日本史をオカシくないものにする重要なヒントを得た。こんなふうな「交わり」を表現したい。男性によって書かれてきた歴史に、女性の史実をこんなふうに交えていきたい。

私は、突っ走るごとく原稿にとりかかった。日本史はオカシイ、そう漠然と感じたあの夏の日から数えると、もうじき7年になる。いま、しっかりと「答え」を手にした。やっと分かった。日本史は男性のサムライのみを軸にした「半分史」。それを書き足し、語り方を変えることが私の仕事だ。

その瞬間に丸ごと感謝した。そして、学生たちを教えることで、ハーバードの教壇に立つことで、この答えに辿り着いたのだと胸が熱くなった。今まで書いていた原稿は保存するだけ。もう気にしない。すべて新しく。ここから忍耐強く、書き上げるのだ。

まっさらなページを開いて、本の原稿を書き始めた。同じ頃、104人の履修者を抱えた2年目の「Lady Samurai」のクラスも拍手喝采で幕を閉じた。2011年、ケンブリッジの寒くて長すぎる冬の果てにきて、やっと難題がとけた喜びと感謝の気持ち。学生たちに、心からの謝辞を送った。

第二章

ハーバード大学の日本史講義 1
LADY SAMURAI

時には着物で授業

ハーバードの先生になるまでの回顧録、いかがだったでしょうか。ここまでくると、講義の内容も気になってきませんか?

この章では、「Lady Samurai」の授業の概要をざっくり説明してみます。ハーバード大学の日本史出張講義、第1部です。

サムライというノスタルジア

学生だった当時、ハーバード大学で「ザ・サムライ」という日本史の講義を受ける機会があったことはお伝えしました。そのクラスが、縄文時代から現代までの日本史を3週間で網羅しようというサマースクールの集中講義だったことを思い出してください。しかも、日本の歴史のクラスであるにもかかわらず、映画の一場面を見せて、サムライのかっこよさを強調するようなクラスだったことに違和感を感じたという話もしました。鎌倉初期の武士集団、平清盛や義経、足利将軍に楠木正成、時として忍者。毎回登場するサムライたちの姿は、時代劇や大河ドラマから抜粋された、フィクションまじりのものばかりでした。

このように、海外においてサムライと武士道は、日本の歴史文化の代名詞として群を抜いた魅力を放ち、人気ナンバーワンのテーマとして君臨しつづけています。茶道、温泉、着物といった現代の日本でも体験できるものと違い、武士道には、失われたものであるがゆえの特殊な魅力があったからです。その魅力を一言でいうのは難しいですが、強いて言えば、「歴史に刻まれてきた男性の強さ」が挙げられるでしょう。現代にはありえない重い鎧をかぶって刀を振るったサムライは、ある種のノスタルジアに包まれています。

またサムライは、平清盛や楠木正成といった名のある個人だけが語られていたわけではありません。忠誠心に束ねられた集団が、いざ戦《いくさ》になると自らの命をかえりみずに戦ったといった逸話はたくさん残されています。個人であれ集団であれ、サムライの武勇伝は海を渡り、海外で日本史を語る際にサムライと武士道は欠かせない要素になったのです。そうやってハーバード大学でも「ザ・サムライ」のクラスが発足し、１９８０年代に日本の経済成長と共にその人気もピークを迎え、つい最近までクラスの内容がさして変わることなく、正統的な日本史として存続してきたのです。

サムライは、日本の英雄にして日本史の中核に位置づけられてきたわけですから、サムライなしには日本史は語れないという状況が自然と発生します。日本史のクラスでは、まずサムライがいることが前提で、彼らが何をしたからすごいのかを徹底的に議論します。こんな形で海外の日本史研究は栄えてきたのです。研究者たちもサムライだらけの日本史を讃えるばかりで、「ちょっと待って！」と手をあげる人は皆無でした。

しかし、私はカナダで日本史の史料を読むなかで、サムライとともに生きた女性のことがそっちのけになっているのはおかしいと感じるようになりました。そして、サムライがすべてである「ザ・サムライ」のような日本史の語り方は、もう古くなっている気がしてたまらなかったのです。

時代遅れの日本史

実際、世界の歴史の研究水準に照らし合わせても、日本史がサムライでがちがちに固められていることが時代遅れなのは明らかです。アメリカでは、男女同権を強調するフェミニズムの影響もあって、歴史のなかの女性の存在にもしだいに光が当たるようになりました。もう少し具体的に言うと、そのような研究が花開いたのは１９８０年代のことで、今までにスポットライトを浴びてこなかった女性たちの話もどんどん掘り起こされるようになりました。

この波に日本史が乗り遅れたというわけではありません。実際、歴史の中の女性に関する研究は始められるようになりましたし、日本史研究家でジェンダー研究に貢献された先生方は国内外にたくさんいらっしゃいます。

しかし、日本史が他の国の歴史と違ってむずかしいのは、女性に関する新しい研究を大きな構図にどのようにはめていくか、というところにありました。つまり、サムライだらけだった日本史に女性を組み入れる作業が難航しているというより、その作業自体が不可能だと考えられてきたのです。ですから、せっかくの女性研究も「女性らしさの研究」として完結してしまったのです。つまり、サムライだらけの土壌に女性の話を植え込んで全体像を書き換えようと挑戦した歴史研究家が未だにいないのです。

この指摘をしたことで私は大学院に進み、博士号をとり、現代の世界基準にかなった日本史を書こうという目標をすえて「Lady Samurai」の研究をしてきました。サムライが中心で女性がその影という状況こそが見直されるべき点なのです。そうでないと、日本史は男性だけの「半分史」にとどまってしまいます。男性の男性による男性のための歴史叙述の時代はとうに終わっているのに、日本史が「サムライ・ジャパン」の枠組みを超えられないのは大きな問題です。

目的は「大きな物語」を描くこと

今からお話しする「Lady Samurai」では、武士道を批判するのではなく、まずは武士道の陰に隠れてきた武士階級の女性の生き方にスポットライトを当ててみます。その上で、彼女たちの生き方と死の意味を考えます。最終的には、フェミニストのように男女同権的な立場をとるのではなく、どのようにサムライとLady Samuraiが日本の歴史をつくっていったのか、サムライで完結した日本史を超える日本史概論、専門用語でいうと「大きな物語（grand narrative）」を描き出すことが目的です。

ここでどのような歴史事実を紹介するのかをお伝えしておくと、豊臣秀吉の妻の北政所ねいがメインになります。ねいやその周辺の女性たちの手紙や記録を読み返すと、彼女たちは誰それの妻、もしくは誰それの娘では済まない存在価値のある人物であることが明らかになります。そのこと自体は、たくさんの書物やドラマで紹介されてきたことですが、私の研究とハーバード大学の「Lady Samurai」のクラスが新しく提案するのは次の2点です。

まずは、脚色なく歴史事実だけをもとに現れてくる「戦わずに強く生きた女性」に、

「Lady Samurai」という称号を与えることです。今までの戦国時代の女性は、正体の知れない、もしくは正体の知り得ないフィクションの枠で語られてきました。彼女たちの残した手紙や行動の記録は女性固有のもの、または女性らしいものだとして、サムライ文化から切り離されてきました。さらに、女性の「集団としてのアイデンティティー」にいたっては、戦国という時代背景と強いサムライ像に隠されつづけ、ないも同然と見なされてきたのです。このクラスでは、歴史事実のみに基づいて武士階級の女性の存在意義を掘り起こし、なぜ彼女たちが「Lady」と呼ばれるにふさわしいのかを考えていきます。

2点目は、サムライとLady Samuraiの両サイドから、日本の武士道の再構築を試みることです。女性を女性として扱うのではなく、サムライ文化の一部として捉えることこそが、現代の歴史研究にふさわしい歴史の語り方だと思います。

Lady Samuraiという研究は、フェミニストさながらに男性と女性の同権を訴えるわけではなく、ジェンダー研究のように女性の重要性を論じるわけでもありません。歴史叙述に男性と女性の両方のアイデンティティーを組み入れ、21世紀の時代に見合った日本史を作る試みなのです。

この2点を目標として、私が教えている「Lady Samurai」のクラスでは、サムライが実際に書いた書物や手紙を読んでいきます。そして、そこに登場する女性たちの役割や、彼女たちの男性との関わりを見つめ、サムライ中心の日本史をもっと包括的に、女性たちも含めたものに拡張しようと試みるのです。

この紙上日本史出張講義は、ハーバード大学での「Lady Samurai」クラスの基盤となるアイデアを、授業で紹介する順に、専門家以外の方々にわかりやすい形で抽出しています。

まずは、クラスで最初に扱う武士道の概念の話からはじめましょう。

武士道は「創造された日本らしさの象徴」

「Lady Samurai」のクラスは、武士道の歴史をたどるところから始まります。

学生にはまず、サムライや武士道はいつから存在したのでしょう、と問いかけます。皆さんも、思い出せる範囲で考えてみて下さい。どんなサムライを覚えていますか。徳川家康。彼はサムライですね。豊臣秀吉、織田信長、もっと時代をさかのぼって、例えば平安時代末期の合戦にでてくる源頼朝や平清盛。名を挙げてみて容易にわかるように、サムライが日本の歴史の重要人物であること、日本の歴史を書き換えてきた強者だったこと、彼らがずっと昔から存在していたことも事実です。

では、「武士道」となるとどうでしょう。武士道もずっと昔から存在してきたのでしょうか。

これはサムライの名前を思い出すよりも、すこし難しい問題です。実は、武士道という言葉が世界中に広まるのは、１９００年、新渡戸稲造が『Bushido : The Soul of Japan』を出版して以来のことで、それほど昔のことではないのです。もっとも、江戸時代の書物には、大道寺友山の書いた『武道初心集』や、有名な山本常朝の『葉隠』などがあり、もっと遡ると宮本武蔵の『五輪書』や戦国時代の武士の家訓などが武士道の要素を示しているのは確かです。つまり、広い意味でサムライまたは武士は古くから存在し、彼らがしたためた書物は多数存在していました。

しかし、ここで重要なのは、彼らが共通してあがめる、いわばバイブル的な武士道があったわけではない、ということです。武士道という言葉が長く使われていたわけではなく、サムライが武士道を貫くために生きていたわけでもない、という点です。つまり、新渡戸稲造が日本人の倫理を語る概念として作った「武士道」が、20世紀初頭に世界に向けて発信され、それがあたかも以前から存在していたものであるかのように受け入れられてしまったのです。武士道は、「創造された日本らしさの象徴」なのに、昔の日本人が常にモットーとして掲げていたかのように扱われていったのです。

この新渡戸稲造の『武士道』は、海外に日本を紹介するという意図から英語で書かれています。そこで、「Lady Samurai」のクラスでも、例文を読んでみることから始めます。日本語訳もいくつかありますので、ここでは日本語で例文を見てみましょう（以下の引用は須知徳平訳『武士道』〔講談社インターナショナル〕による）。

たとえば、武士道の冒頭部分はこんな感じです。

「武士道は、日本を表徴する桜の花と同じように、わが国土の固有の花である。その花は、ひからびた古代道徳の標本となって、わが国の歴史の中に保存されているというわけではない。それは現在でもなお、その力と美をもって、わが民族の心の中に生き続けている」

「はるかな過去には存在し、現在ではその本体を失った星が、今でもなおわれわれの頭上に光り輝いているように、（中略）われわれの道徳を照らしているのである」

武士道はつまり、失われた日本の社会基盤であり、日本の人々が今でも従っている道徳であるというところから始まります。そして、義または正義といった概念や、勇気、人徳について事細かに紹介し、武士道がどれほどすばらしく、賞賛に値するかを英語でせつせつと説いてゆきます。

切腹について説明している章では、こう断言しています。

「日本人の心には、切腹という死に方が最も高貴な行為で、最も感動的な哀感の実例を連想させ、なんらの嫌悪も感ずることもなく、まして嘲笑することなどはしないだろう。それが、徳性や、偉大さや、愛情に変化する力には、まことに驚くべきものがあって、最も醜い死の形式が、最も崇高なものとなり、新しい生命の象徴とさえなるのである」

つまり、新渡戸の武士道は、歴史史料を引用した歴史事実ではなく、時代が新渡戸に創造させた新しいコンセプトだったのです。そして、この史実とはかけ離れた、強すぎる武士道は一人歩きをはじめます。その後の１００年間、戦争時の日本の武士道をあがめる社会風潮も手伝って、海外では日本と言えばサムライ、サムライといえば武士道となり、日本史もそうやって教えられてきたのです。

海外で教えられる日本史の時代区分

その結果、日本史は北米の大学で次のような構成で教えられることになりました。最初の区切りは、武士の登場以前。縄文から平安京で貴族文化が栄える頃まででです。そして、武士集団の争いから源平合戦を経て、鎌倉幕府の成立と室町幕府の崩壊までが次の区分。この際、鎌倉時代と室町時代の違いや建武の新政はマイナーなトピックとして扱われ、「武士政権の時代」としてまとめて語られます。第3区分は平和な室町時代から戦乱の世の中への転換期になります。下剋上が頻繁に起こり、武士道を讃える逸話が生まれ、信長・秀吉をはじめ数多《あまた》の戦国大名たちが覇を競った時代です。そして、第4区分に天下平定と徳川幕府の鎖国から開国までの比較的安定した時代があり、最後に明治維新から太平洋戦争までが第5区分となり、現代を迎える形です。

日本では、「そんなの常識」ぐらいの簡単な歴史区分ですが、さらにわかりやすくするため、学生にはこう伝えられます。日本の歴史の最初の区切りは、サムライがいなかった時代とサムライがいた時代で分けられる。それに、サムライ同士が争い、戦い、武家の政治を初めて行う期間が続く。その次には、サムライが支離滅裂に統治を始めたため戦乱が起こり、武力でそれを平定していく戦国時代がはじまる。さらに、サムライが

250年もの間統治していた期間が第4区分の徳川時代で、最終的にサムライ魂が理想となり、日本人の間で高揚し、世界大戦と敗戦を招いてしまう期間が第5区分になり現代に続くのだ、と。

日本史の勉強をするからといって、日本語がわかる学生ばかりが来るわけではありません。むしろ、100人の学生がいたとしても、日本語が少しでもわかるのは2人程度。そんな状況ですから、これくらいおおざっぱな分け方から入らないといけないわけです。

この時代区分で重要なのは、サムライの活躍と功績が5区分にわたる歴史叙述をつくり、サムライ中心の「大きな物語」を一般化していることです。言い換えると、海外では、武士道のアイデアに基づき、サムライが日本の歴史の軸をなし、「サムライ＝ジャパン」という歴史の物語が常識となったのです。そして、サムライが前面に出すぎたために、女性は完全に歴史から排除され、これがサムライの女性などいないという固定概念につながった、というわけです。

ユマ・サーマン、ルーシー・リュー、小雪

アメリカで教えられる日本史はサムライと武士道中心で成り立ってきたわけですから、

私が「Lady Samurai」と称して女性のサムライの歴史研究をすると言い出したら、「そんなの滅相もない！」とのリアクションを受けるのは、当然と言えば当然です。学生にそう説明すると、「確かにサムライは男と決まっていたな」とうなずきながら、「じゃあ、Lady Samuraiって誰だろう?」と疑問を持ちはじめます。

皆さんは「Lady Samurai」と聞くと、どんなイメージを思い浮かべるでしょうか。アメリカ人の学生の場合、サムライが体現する「強い男性」の要素を女性にかぶせるため、アクロバティックな映画の主演女優を連想することが多いようです。近年のアメリカでいうと、3つのハリウッド映画の登場人物たちがLady Samuraiのイメージにフィットしています。

まず、9割がたの学生が挙げるのが、2003年のクエンティン・タランティーノ監督作品『キル・ビル』です。『キル・ビル』は日本でもご存知の方が多い映画だと思います。殺陣《たて》のシーンで使われたセットのモデルになったとされる西麻布の居酒屋「権八」で、当時の小泉純一郎首相がブッシュ大統領と会食したことでも話題になった、あの映画です。

この映画の中には、Lady Samuraiを想起させるキャラクターが2人登場します。1

人目は、ユマ・サーマンが演じるザ・ブライド、もう1人がルーシー・リュー演じるオーレン石井。金髪のちょっと男っぽい雰囲気のあるユマは、黄色のジャンプスーツで颯爽と武術をこなし、リベンジに燃える女性を華麗に演じています。学生の大多数が、このキャラクターをLady Samuraiだといいます。

また、アジア系女優のルーシーは、まっ白の着物に身を包み、たくさんのボディーガードを携えて、究極の姉御肌の女性を演じています。アジア人の外見も手伝って、ルーシーのキャラクターこそがLady Samuraiだと答えてくる学生もいます。この映画はもちろんフィクションですが、どちらの女性も「武術をあやつることができる強い女性」である点が、学生たちにLady Samuraiを連想させるのです。言い換えると、鍛えられた武力をもっていることがLady Samuraiであるための前提条件と捉えられているようです。

同じ路線の映画で、2000年のアン・リー監督作品『グリーン・デスティニー』を挙げてくる学生もいます。ご存知のない方はカンフー映画だと思って下さい。この映画では、カンフーをあやつり、空を駈けるミシェル・ヨーの演技が印象的です。この映画を挙げてくる学生たちには、「Lady Samuraiも、きっと超人的わざをこなすに違いない」とのイメージがあるようです。この映画はそもそも日本を舞台にしていないのですが、日本と中国の区別も怪しい学生もたくさん履修しているのです。

この2つの映画とは対照的な女性を例に挙げてくる学生もいます。トム・クルーズ主演の『ラスト サムライ』で小雪が演じた、たかです。たかは、戦で討ち死にしたサムライの妻としてこの映画に登場します。家事をしたり、子供の面倒をみたりしているシーンが出演部分の大半を占めます。そのたかの様子から、静かで引っ込み思案な態度を貫く日本人女性の美しさをLady Samuraiとしてイメージする人も多くいます。実際、「良妻賢母」という我慢強い女性像を見事に体現した小雪の姿は、トム・クルーズ演じる主人公も恋におちる特別な魅力を有しているので、たかをLady Samuraiと思うのも無理ありません。

こうして学生は、Lady Samuraiとはアクロバティックに武術をこなす女性なのか、はたまた男性の陰で息をひそめる女性なのか、どっちなのかと興奮します。

授業では、興奮が昂じたところで、私は衝撃の発表をします。「どちらでもありません」と。

実際、歴史上のLady Samuraiは、一般に考えられるこのようなイメージのどちらとも重ならないのです。海外でも、そして日本でも、本当の歴史上のLady Samuraiの姿は未だに知られていません。Lady Samuraiの研究も、それに関する本も、私が初めて書くことになりますから、そのイメージはまだ歴史事実にそった形で表に現れたことはないのです。

多くの学生の期待を裏切るこのツイストが、Lady Samuraiという新たな歴史像の面白い点です。Lady Samuraiとは、「戦わずに、かつ陰で大いに活躍する女性たち」で、サムライというパワフルな集団にその正体を隠されつづけてきました。「いるはずない」と思われてきたLady Samuraiが、もしもいたとしたら。もちろん、そのイメージも新しいはずです。

ここから授業は、Lady Samuraiに出会う歴史の旅に向かうことになります。

サムライと同様に貴族出身

「戦わずに、かつ陰で大いに活躍する女性たち」とは、いつどこに生きた女性たちを指すのでしょうか。まずは、その一番古い時代にまでさかのぼってみましょう。

海外で教えられる日本史の最初の区切りは、平家が源氏によって滅ぼされた壇ノ浦の合戦のあたりです。この区切りを挟むようにして、上流階級の貴族や彼らの護衛をするサムライが、貴族から離れて一つの社会勢力として台頭してきます。同時にLady Samuraiも、貴族から離れて新しい社会集団をつくったサムライと同様に、上流貴族から「サムライ」になっていきます。したがって、サムライの出現の時期とLady Samuraiの出現の時期は、ぴったり重なります。

ここで、平安時代の貴族の女性を思い起こしてみてください。枕草子を書いた清少納言や、源氏物語を書いたとされる紫式部がいましたね。彼女たちのように、京都の上流階級に属する人名を英語に訳すときは、通常Lady Murasaki（紫式部）という具合に「Lady」をつける形がとられます。貴族であることを示すこの冠「Lady」は、もともと京都の宮廷の女性にあてられるものでした。

平家と源氏がともに貴族から武士団へと変わって行った際、貴族の女性もまた武士とともに宮廷を離脱し、ここから武士の上流階級の女性の集団が発生していくので、Lady Samuraiの最初の世代はもともと貴族、つまり英語では「Lady」がつく集団であったわけです。Lady Samuraiの語源は、もともと貴族文化にあるのです。

しかし、それだけでは言葉遊びで終わってしまって面白くないので、この平安末期の武士の上流階級に属するLadyたちの特徴をさがすことにします。クラスでは、実際に平安文学や軍記ものの英語訳を読んで、初期のLady Samuraiを探してみます。この頃の文学の中では源氏物語と平家物語が読みやすく、特徴的なLady Samuraiもでてくるので、このトピックに2回の授業を費やしています。

平家物語の女性たち

最初期のLady Samuraiに共通した特徴とは何でしょう。一つは、彼女たちの女性という性が「殺されない性」として扱われてきたということです。たとえば、平家物語の那須与一のエピソードを例にとってみましょう。ご存知の方も多い場面かと思いますが、いつまんで話のあらすじを記します。

源氏の軍勢が、もう日暮れなので今日の戦いはおしまいだと引き上げようとすると、平家の陣の方から小舟が一艘やってきます。その小舟には、年齢が18か19歳くらいの美しい女房が乗っており、くれない一色の扇を船に立てました。扇の真ん中には、金色の丸がついています。そうして、扇のそばで、陸にいる源氏方に手招きするのです。源氏の軍陣では、これは扇の中心の金色の丸を撃てということか？　と、その女房の行動への解釈が進み、それなら弓が上手なものを選抜して、この挑戦を受けてたとうではないかということになります。そして、源氏の軍のなかで弓の名手として名をあげていた那須与一が抜擢され、平家側の挑発にのることになります。与一は、覚悟をきめ、馬に乗り、水際に少し入ったところから船の上のその扇を一発で見事射落とします。

この場面、従来ならば与一の弓の腕前を讃えて終わりでした。弓がうまいサムライはすばらしい、という簡単な論理です。サムライ大好きの海外の歴史家にはたまらない場面です。しかし、この話には見逃されてきた重要な点があります。それはなんでしょうか。

考えてみて下さい。戦の場面を想像すると、普通は男のサムライばかりではありませんか。しかし、初期のサムライたちの合戦には、女房たちもちゃんと同行しているのです。現に、小舟に乗って手をふってきたのは女性ですね。

しかし、仮にその小舟に乗ってきたのが男性だったらどうなっていたでしょうか。男性であれば、それは敵のサムライなので、扇を射るより先に本人に向かって矢を放っていたはずです。したがって、サムライとともに戦にきた女性は、「女性である」という理由で殺される対象になっていないのです。

平家物語では、この場面に続き平家が壇ノ浦で没する場面が続くのですが、その際の女性の振る舞いからも同じことがうかがえます。平家の戦線が不利になってきたと聞き、平家の女房たちは、敵の手に落ちるよりはと手に手を取って次々と海へ身を投じます。自害するにしても、女性は切腹をしたり戦って討ち死にしたりしません。海に飛び込み身を隠すので、このエピソードでも女性は常に殺されない性として扱われていることが分かります。

このように、初期のLady Samuraiは、男性のサムライとともに、貴族の生活から離れ戦場に出ていったものたちを指します。彼女たちは、殺されない性であったために、自分たちの行動、つまり入水という自殺方法で、女性ならではのサムライらしい潔さを残して死んでいきます。男性のサムライのように、切腹や討ち死にをすることがLady Samuraiの美とされず、海に沈んで自分の身を隠すという独自の方法が印象的です。

このあたりで、初期のLady Samuraiの授業はおしまいになります。この時代に生きたLady Samuraiは、軍記もの、つまりフィクションで語られている姿に過ぎず、厳密な意味で歴史上の人物の行動であったかどうか確認できません。源氏のほうも、鎌倉幕府の初代将軍の妻、北条政子が執権をとった後は具体例がありません。そればかりか、勇ましい巴御前のフィクションが一人歩きをはじめるのです。サムライについて、鎌倉時代から室町時代にかけて目立った戦乱や活動の記録がないのと同様、サムライの女性に関しても特徴のある記録は少ないのです。

そこで、ハーバード大学の授業では、室町時代の女性の生活ぶりや、中世の宗教がどのように女性の性を扱ってきたかについて勉強した後、戦国時代のLady Samuraiの話題に移ります。ここでも、もっと確証ある史料が残っている戦国時代へ一気に話を進めることにしましょう。

「女性らしさ」より「サムライらしさ」

戦国時代とは一般的に、1467年の応仁の乱を発端に守護大名同士の争いが続いた100年間を経て、織田信長、豊臣秀吉による統一の試みの果てに徳川家康が江戸幕府を開く1603年までを指します。

この時代に生きた有名な女性たちはたくさんいます。たとえば、戦いに巻き込まれて夫とともに自害したとされる、織田信長の妹で柴田勝家の妻、お市。キリシタンとして夫に忠心を尽くして散っていったといわれる、明智光秀の娘で細川忠興の妻のたま（細川ガラシャ）。戦国らしい壮絶な人生を送った女性たちとして、フィクションで語られるこのような人物を、他にもご存知の方は多いでしょう。

彼女たちの逸話に共通しているのは、男性のために陰で生きてきたように語られる、または男性らしさを隠し持つ稀な女性だったように語られる、という点です。しかし、彼女たちの存在意義は、本当に男性に依存したものだったのでしょうか。

この疑問こそが、「Lady Samurai」という存在を確固たるものにする新しい切り口となります。これまでの歴史、特に日本史は、男性がいてこその女性という構図を書いてきました。実際、社会的に性差があったことは間違いなく、家長として、相続権をもつものとして、男性中心に物事が進んだことは事実です。しかし、それは女性に役割がなかったということを意味しません。それどころか、驚くことに女性は、想像を超える範囲の影響力をもっていたのです。

「Lady Samurai」のクラスでは、この点を検証するために、戦国時代に残された史料をたくさん見ていきます。すると、そこに登場する女性たちの役割は、「女性らしさ」よりも「サムライらしさ」を強く反映したものだとわかってくるのです。戦わずに強くいられる条件をもったサムライの上流階級の女性たちはどのような役割を果たしていたのか、それがテーマです。そして、その中の代表格ともいえる人物の歴史的意義を考えていくことに時間を費やします。この出張講義でも、Lady Samurai の代表的存在である北政所ねいの話をとりあげてみましょう。

北政所ねい

ねいは、ねねという愛称で呼ばれることが多く、豊臣秀吉の妻の北政所として、現在でもよく知られた歴史上の人物だと思います。

ねいの一生の記録は、さまざまなところに残されています。また彼女の場合、その記録が多いだけでなく、自筆の書簡も見つかっています。授業では、こうした史料をじっくり時間をかけて見ていくようにしています。

ねいは秀吉と結婚してしばらくすると、秀吉とともに長浜城に入って、城下町の統治をはじめます。この時期、つまりはじめて秀吉が一国一城の城主となった時期から、ねいに関する史料がたくさん残っています。ねいの最初の記録というのは、2人が城下町の徴税に関して意見を交換するときに交わした手紙です。この史料のおもしろい点は、出先の秀吉がねいに手紙を送って重要事項を話し合っていた事実をきれいに映し出しているところです。

戦国時代、大名がいくさに出た場合でも、妻との連絡は途絶えるわけではありません。妻は上流階級の女性として城に残り、初期のLady Samurai同様、殺されない性として扱われます。女性だけが残った城を攻め落とした大名の話など、聞いたことがありません。大名の本妻たちは、それぞれの城を拠点として、手紙で戦場の夫と交信しながら城や城下町の番をしていました。

クラスでは、いくさに出かけた秀吉が城で留守番をするねいに送った手紙を読みます。その中で秀吉は、最近決めた城下町の増税に「あなた（ねい）が反対するならば前言を撤回する」という発言をしているのです。しかも一度限りではありません。ねいの意見を尊重して、前言撤回を繰り返すのです。さらに、もっと直接的に、城下町だけでなく支配下の地方でも問題が生じぬよう、近くに残っている味方のサムライたちに申し付けてくれと繰り返し頼むのです。

こうやって手紙を読んでいくと、サムライの秀吉が「絶対的な支配者」であったとの前提に疑問が生まれます。妻は、城で留守を任されたり、城下町の統治に関する意見を言ったり、統治者の決定をくつがえしたりすることができたのです。ねいが城主の本妻として城下町に住む人々と接し、城下町の人々の意見を聞き、秀吉と城下町の人々両方に信頼されていた記録を読むと、学生たちはおおいに感動します。城下町の人々にとって、大名の妻というLady Samuraiは、その地域の支配者に影響力をもてる唯一の人材であり、尊敬すべき存在だったのです。

クラスではここで、一般的に守護大名とその本妻は「ペア・ルーラー（夫婦統治者）」として考えられていたために、女性も政治に介入できるというより介入せざるを得なかったのだ、という私のオリジナルの見解を紹介します。これまではサムライが絶対でしたから、サムライとその妻を「ペア」として考えることはありませんでした。しかし、史料に残されている夫婦関係は、詳しく読んでいくと、当時の認識では夫婦どちらもが尊敬の対象になる存在だったのです。

もちろん、ペア・ルーラーだからといって夫婦が同権だったとは言えません。ここがフェミニストの発言とは違うところです。ペア・ルーリング（夫婦統治を行うこと）は、直感的には男女同権を示唆しがちですし、学生からの質問でもよく聞かれるところです。しかし、当時の男女には性別を反映した格差があり、男女それぞれに特有の役割がありました。したがって、双方が助け合って一対で「サムライらしさ」をつくりあげていったのです。ペア・ルーリングという考え方は、男女一対をなして統治をしていたことを歴史事実と認めることであり、彼らが同等に重要なポジションを占めていたことを意味するわけではありません。

授業では、このペア・ルーリングの考え方を、もう少し具体例を出しながら説明しています。ねいがペア・ルーラーとして、どのように尊敬され、その力を発揮するか、さらに見てみることにしましょう。

個人としてのネットワーク

現在の大阪城が「大坂城」として建設されてきた１５８０年代半ば、ねいが秀吉とともに内外に重要な役割を担っていたことを証す事実は、いろいろあります。

まず、ねいは秀吉の「本妻」として、「北政所」という元々は京都の貴族の女房に与えられる称号を与えられ、その名前で広く知られることになります。貴族出身の初期のLady Samurai のネーミングを思い出して下さい。紫式部はLady Murasaki ですね。同様に、ねいは、サムライ社会の上流階級にいながらにして、「北政所」という女房の称号で公に知られるようになるので、英語に訳する時にLady の冠がもてる立場になったわけです。

同時に、天下取りの秀吉の「本妻」として、英語でいうといわばファーストレディの座につきます。そして、これまでは秀吉が単独の統治者で、ねいはその横にたたずむ存在として捉えられてきましたが、ねいは明らかに、その既成概念を打ち破る活動を始めます。ここで、彼女のペア・ルーラー的な位置取りを史料に見てみましょう。

まずは宣教師のルイス・フロイスが残した記述によると、「羽柴（秀吉）は大坂城に夥しい数の婦女子をかかえていた。（中略）婦人達は誰も皆、羽柴（秀吉）夫人（おね、北政所）の優位を認めていた」とあります（ルイス・フロイス著、松田毅一、川崎桃太訳『日本史』中央公論新社）。婦人たちの中で、ねいが抜きん出た存在であるとの記述は、この後にも繰り返し出てきます。

長浜の城下町の人々は、秀吉の決定をくつがえそうとした時にねいに頼みましたが、この時代に初めて日本に来た宣教師たちもまた、秀吉から布教の許しをもらおうとする際に、秀吉に直接かけあうのではなく、ねいを通じて説得してもらおうとします。秀吉の許しをもらうための方法は「種々討議されたが、（中略）関白夫人を味方にひき入れる以外に良策はないと考えられた」（前出『日本史』）。城下町の人たち同様、宣教師たちの間でも、秀吉のペアであるねいは、秀吉に影響を与える唯一の人物と認識されていた訳です。

さらに、秀吉がいくさ、城の工事、鷹狩りなどで留守にしている間、ねいは彼女個人の名でネットワークづくりをしていきます。つまり、秀吉の妻としてというよりも、むしろ独立したペア・ルーラーとして生きてきた跡がうかがえます。そして、１５８５年以降、さまざまな局面で彼女の手紙が活躍する時代を迎えます。多くの場合、彼女の手紙は地方の大名やその本妻にあてて送られ、時には黒印状の形式をとったりもします。つまり、男性のサムライと同じ書式で手紙を書き、他の大名と対等に会話をし、時には彼らを諌める場面も出てくるのです。

秀吉の死後も上流階級にとどまる

面白い史料としては、伊達政宗に宛てた、彼の妻に関する手紙があげられます。ねいは大坂城に住んでいた時期もありますが、京都に聚楽第が建設されてからは、京都に住んでいます。その時、地方の大名の妻、例えば前田利家の妻のまつであるとか、京極家の女性たちと親しく交流を深めます。その際、伊達政宗の妻の愛姫も、京都の住まいでねいと接しながら暮らしていくのですが、その彼女の動向や暮らしぶりを、ねいの侍女はねいの名前で政宗に逐一報告します。京都と仙台の距離をものともせず、ねいは自分の裁量でハイクラスの大名たちと書簡を送り合い、助言をしたり、約束を交わしたりしていくのです。

1590年代になると、秀吉が検地を始めて、土地所有制度を整えていきます。その際、ねいは大名にも匹敵する広い土地を北政所の名義で管理し、そこから入る莫大な収入で自活できる仕組みを整えます。それ以前、中世の女性が化粧料や後家料と称して単独で土地を持つことはあっても、その土地はそれほど広くありませんでした。しかし、ねいは違います。たくさんの人が住む、商業の栄えた大坂城の南に位置する、現在の難波や平野のあたりの広範囲の土地を支配下に入れたのです。こうして、ねいは秀吉の妻というより、秀吉のペアの Lady Samurai として、経済活動さえも内外に認められる存在になります。

ねいは、その地位と経済力で、秀吉の死後もサムライの上流階級に居座りつづけます。授業ではこの様子も実際の史料、つまり、ねいの自筆の手紙や莫大な量の高貴な贈り物の数々で、ちゃんと確かめます。また、京都に存在していた皇族の女性が入る尼寺に隠居する生活を選ばず、自らのために創建された高台寺で、秀吉を弔いながら生きていく様子も、禅僧の日記に登場する彼女の動向で確認します。そしてねいは、自分と秀吉の両方をまつったお霊屋（お墓）に眠る手はずを整えてから永眠します。ここでもまた、秀吉とのペアとしての自分の社会的立場を象徴的に残したまま、この世を去ります。

学生たちは、一つ一つの史料から、「彼女はまるでサムライで、そして秀吉とペアだ！」と、ねいのLady Samuraiぶりを体得していきます。サムライの陰にいて、いままで日本史の授業に出てこなかった女性が、ペア・ルーラーとして活躍した足跡をたどって、その様子を理解していくのです。

ねいの一生は、女性が大きな役割を果たしていたことを確認する重要な史実です。しかし、ねいは信長が讃えた女性、秀吉と生きた女性、家康が護った女性ですから、もしかすると特別だったのではないか、という疑問も生まれるでしょう。そこで、他の戦国武将の女性、特に本妻たちに関する史料を次の授業で読み、戦国時代の女性全体の話に拡張していきます。その結果、学生は戦国時代の上流階級に属した本妻たちが、男性のサムライたちからも尊敬されるペア・ルーラー、つまりLady Samuraiだったと、しっかり感じ取ることになります。

側室たちの悲しい運命

Lady Samurai には、ねいのように本妻として、つまりペア・ルーラーとして華々しく生き残る女性とは対照的に、側室として連帯責任をとって散っていった女性たちもいました。そこで、本妻たちの史料をみた後の授業では、豊臣秀次の側室の斬首の話と、本妻ねいとは正反対の運命をたどった秀吉の側室、茶々の最期を扱います。

一夫多妻制は現在の常識では考えがたいので、本妻と側室はひがみあい嫉妬しあう関係だったかのように思うかも知れません。学生たちも同様の想像をします。しかし、実際には、戦国時代の本妻と側室のステータスにはかなりの差がありました。ねいのような武将の本妻は威厳のある立場で輝いていきますが、側室の方は「究極の場面」でその存在意義を問われるのです。

その「究極の場面」の例が、三条河原における豊臣秀次の側室たちの処刑です。この話は、秀吉の家臣が書いた「大かうさまくんきのうち」つまり、「太閤様軍記の内」という当時の史料に残されている話ですが、豊臣秀吉は自らの養子だった秀次に、何かしらの理由で切腹を言い渡します。お茶の巨匠、千利休が秀吉に切腹を命じられた理由がはっきりしないのと同じで、秀次の切腹の引き金になった直接の理由もはっきりしません。

しかし、いったん切腹を言い渡されると、秀次は切腹をしなくてはなりません。このときの場所が高野山で、秀次が切腹を果たすと、今度は京都の三条河原で秀次の側室たちにも突然の悲劇がふりかかるのです。

秀次の切腹にあたり、驚くことに本妻は連座（連帯責任をとって処刑されること）を逃れます。さすがは本妻。彼女たちは、「殺されない性」として扱われ、どんな時も命をとられることはありません。しかし、彼の側室たちは違います。秀次の首がさらされた台の前で、その首をおがむよう促され、次々と辞世の句を詠んで順番に斬首されていきます。彼女たちに子供がいた場合は子供も含めて、側室たちは次から次へと首を切られていきます。

秀次の切腹が突然決まるその直前まで、彼女たちは京都に住むサムライの上流階級に属していた女性ですから、彼女たちも定義的にはLady Samuraiです。しかし、本妻という立場になかったため、「サムライらしい」最期を遂げることで、その命の意味を残して死んでいきます。

なぜ、彼女たちが「サムライらしい」といえるのでしょうか。それは、ここで初めて、上流階級の女性が連座の際に「斬首」されたからです。

それまでの歴史上、日本の女性は血を流す死に方をさせられることはありませんでした。女性の血は、公の場では敬遠されるべきものであり、したがって初期のLady Samuraiたちのように、女性の自殺は入水のような方法が採られ、血を流す状況を避けてきたわけです。ですから、この三条河原での側室たちの処刑は、まさに彼女たちが女性である以前にサムライであるがために、サムライのように殺されたといえるのです。側室とは、その時代のサムライと同じように最期を遂げることで、そのLady Samuraiらしさを残していった存在だったのです。

この話を授業であつかう時は、側室として女性が死を受け入れる責任感、最期に詠む辞世の句、その処刑の方法から側室には側室の武士道があったことに着目させます。また、秀吉の側室として知られる淀殿、「茶々」としてご存知のかたも多いかと思いますが、彼女もサムライらしい最期を遂げる例として、授業で扱います。

彼女は、大阪夏の陣で秀頼とともに大坂城で自害していますが、ここでも側室の茶々は逃げることなく燃え上がる火の中に姿を消します。自殺というある種の勇敢な行動が、茶々の Lady Samurai としての唯一の選択肢となります。女性的な「水」のエレメントの反対に位置する、いわば男性的な「火」というエレメントの中に、彼女の命は消えていきます。つまり彼女は、女性としてのアイデンティティーよりも、サムライとしてのアイデンティティーにのっとり、Lady Samurai として火の中で命を落とすのです。

このように、武士の上流階級に属するが故に、つまり Lady Samurai であったがために、側室たちはその死に際しても女性らしさではなくサムライらしさを帯びながら散っていったのです。本妻とは正反対の運命をたどる側室にも、Lady Samurai の武士道が読み取れるのです。

Lady Samurai と武士道の再創造

このように、戦国時代末期も、武士の上流階級の女性は、直接戦うことはありませんでした。しかし、この「Lady Samurai」のクラスで追っていったのは、武士の上流階級で生きた女性のその地位の確立の仕方、生き方、そして最期の遂げ方です。本妻たちは本妻らしくペア・ルーラーとして、また側室は側室でそのサムライらしい最期を遂げることで、Lady Samurai らしさを残していきました。彼女たちが生きて、または死んでまで体現したのは、サムライの武士道にはなかった新しい「強さ」と言えるのではないでしょうか。

Lady Samurai は、男性のサムライのように、表立ってその強さを強調することはありませんでした。しかし、サムライの上流階級で、本妻または側室として、彼女たちの命には大きな意味がありました。にもかかわらず、その意味探しすら、サムライ中心の日本史の見方では行われてきませんでした。

「Lady Samurai」のクラスは、女性が史実にどう現れたのか、まずはジェンダー研究の手法で女性に関する史料を読むところから始め、そこから見えてくる新しい要素をあつめて物語にしたものです。そして、これまでの武士道にはなかった強さと儚《はかな》さを浮き彫りにしていくのです。「Lady Samurai」のクラスでは、サムライが戦っていた時期に存在した Lady Samurai の歴史像を詳しく見ることで、日本人さえも今まで知らなかった Lady Samurai たちに出会うことができるのです。

ここまで来ると、クラスは終わりに近づきます。戦国時代の後は、江戸時代以降の日本女性について考えます。サムライが戦わない江戸時代、上流階級の女性はどのような生活をしていたのでしょうか。篤姫のような大奥にいた女性や商人の妻、また小説に出てくる女性を例に、Lady Samurai がだんだん男性の陰に隠れる存在になっていく様子を見ていきます。江戸時代以降、女性の地位がどんどん男性の陰に隠れるようになり、それが常識となってしまったので、これまで日本の中でも Lady Samurai に目を向けられることがなかったわけです。

武士道は、サムライという男性名詞を前提に創られた、20世紀の日本文化です。今日、その概念の創成から１００年が経ち、人々はもっと深く日本を知る時にきています。「Lady Samurai」のクラスは、新しい歴史の見方や捉え方を提案し、男性だけで成り立ってきた日本史に、女性の生き方と命を組み込む、21世紀感覚の日本史のクラスなのです。

第三章

先生の通知表

Dear class of 2012,
No proof needed;
your possibilities are
Tomoko L. Kitagawa

「思い出に残る教授」に選ばれて
卒業アルバムに寄せたメッセージ
（本文135ページ参照）

日本史講義を聴講いただき、ありがとうございました。授業の感想は様々におありかと思います。もちろん、私としても、授業に関する感想はとても気になります。

実際のところ、ハーバード大学では毎学期末、講義が終わると学生が先生を評価し、感想を書いてくれます。評価は5段階のポイント制になっていて、その結果は学内関係者向けにウェブ上で公開されます。これが、キュー（Ｃｕｅないしは Q と書かれる）と呼ばれる「先生の通知表」です。この章では、前章とはちょっと雰囲気を変えて、この通知表と学生たちの話をしたいと思います。

キューと呼ばれる通知表

アメリカの大学では、学期末に学生による先生の評価を実施することが一般的です。先生たちにとっては、高い評価を受けると嬉しいですし、次の年の受講人数追加も見込めます。反対に、低い評価はやはり恥ずかしいですし、反省の材料にもなります。したがって、先生にとっても学生にとっても、このキューは無視できないものです。

キューの結果を公開する大学は少ないようですが、ここハーバード大学ではキューの結果を数年にわたり全面的にウェブ上に公開しています。

まずは、私のキューをお見せしましょう。現時点で一番新しい2011年秋学期のクラス「KYOTO」の分です。2年目の春の「Lady Samurai」の100人超えに引き続き、3年目の秋の「KYOTO」のクラスには、136人が登録しました。そのうちの119人が匿名で評価に協力した結果が、次ページの表です。

そもそも、このキューは先生の評価にとどまらない重要な役割を果たしています。多くの学生は、ショッピング期間がくると、前年度にそのクラスを受講した学生がつけたキューを見て、本当に受講して後悔しないクラスかどうかを慎重に判断します。学生たちは、最初の1週間の先生の授業ぶりと、このキューの結果をふまえて登録するかどうかを判断するわけです。適当につけると他の学生にも迷惑がかかるので、学生たちはそれなりに真剣に評価を提出しています。

キューは5段階評価で、3が基準になります。良いクラスだと学生が判断した場合には4ないしは5をつけます。4にするか5にするかは微妙な線のようで、そのため基準値超えはなかなか困難とされています。学生たちは、遊び半分ではなく、それぞれにクラスへの思いを込めて評価をつけ、先生へのコメントを添えた上で、学校側に匿名で提出することになります。

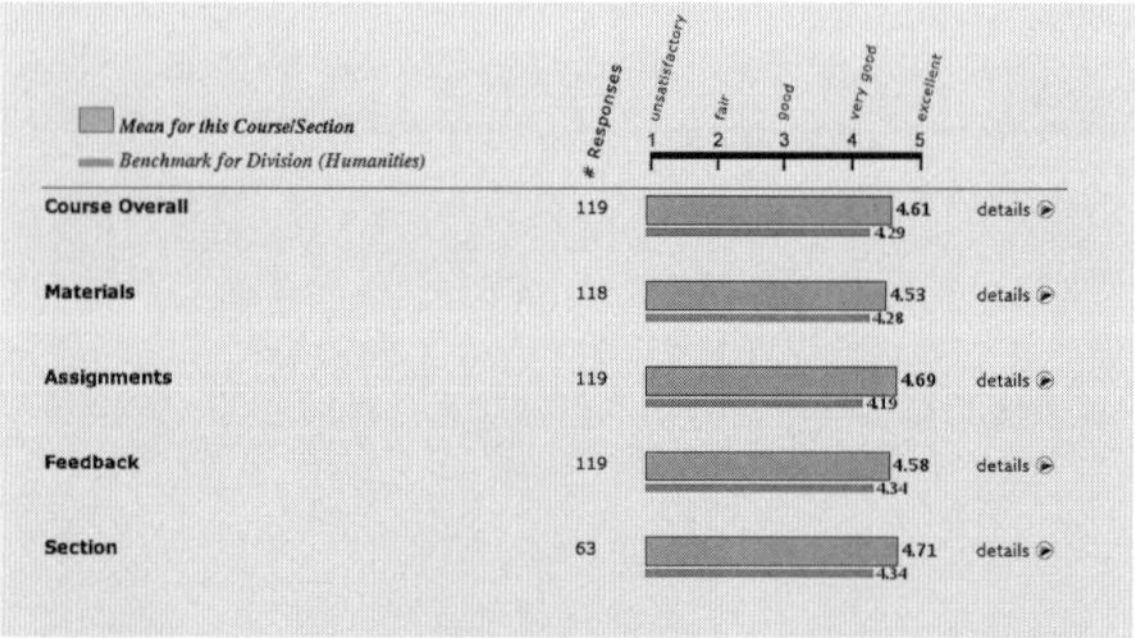

Mean for this Course/Section
Benchmark for Division (Humanities)
Responses
unsatisfactory
fair
good
very good
excellent
1 2 3 4 5
Course Overall 119 4.61 4.29 details
Materials 118 4.53 4.28 details
Assignments 119 4.69 4.19 details
Feedback 119 4.58 4.34 details
Section 63 4.71 4.34 details

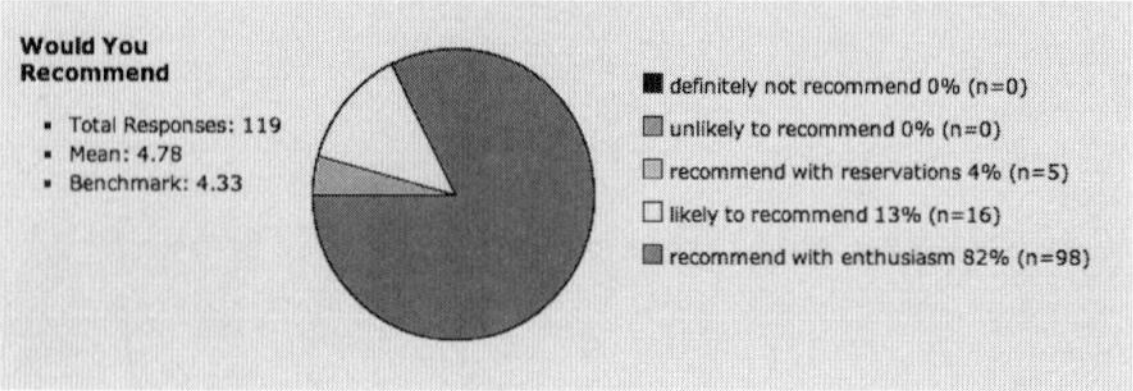

Would You Recommend
Total Responses: 119
Mean: 4.78
Benchmark: 4.33
definitely not recommend 0% (n=0)
unlikely to recommend 0% (n=0)
recommend with reservations 4% (n=5)
likely to recommend 13% (n=16)
recommend with enthusiasm 82% (n=98)

では、この表の見方を、簡単にご説明しましょう。太い線の下に記された細い線が、「ベンチマーク」と呼ばれる目標とすべき数値になります。つまり、どのクラスも、この線を越えることが一つのラインになるのです。実際にはこの線越えがとにかく難しく、越えるとお祝いになるような厳しい基準です。少し細かく見てみましょう。

1番目の表を御覧ください。これは、クラスについての全体評価です。一番上のグラフが、「KYOTO」のクラスが総合的にどうだったか。2番目が、クラスで使われた資料はどうだったか。3番目が、クラスで出された宿題がどうだったか。4番目が、先生や助手からのフィードバックは有用だったか。最後に、「セクション」と呼ばれる講義以外の時間はどうだったか、と続きます。「セクション」は、学生を少人数のグループに分け、助手に任せる先生も多いのですが、私の場合はセクションでの議論の部分もクラス全体で行い、自分で担当します。

そして、このクラスを他の学生に薦めるかどうかが、円グラフになって出てきます。絶対に薦めない、薦めないと思う、ためらいはあるが薦める、薦める、自信を持って薦めるの5段階評価です。私の場合は、回答した119人のうち98人が自信を持って薦めてくれるというのですから、うれしい結果です。

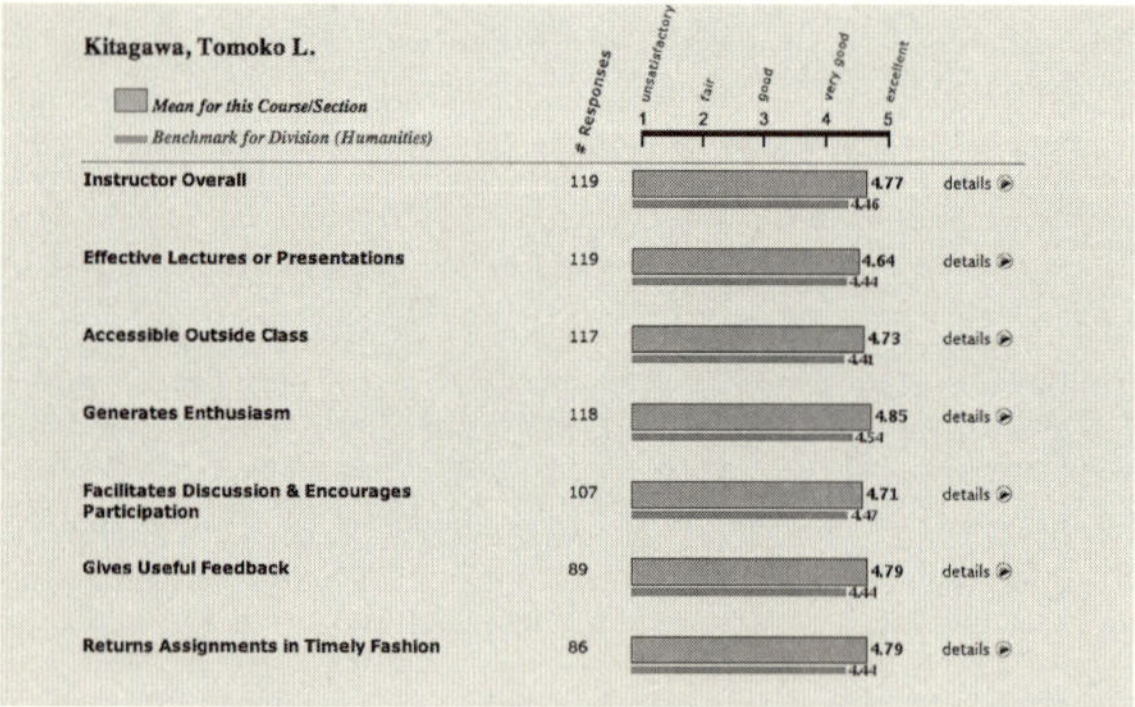
Kitagawa, Tomoko L.
Mean for this Course/Section
Benchmark for Division (Humanities)
Responses
unsatisfactory
fair
good
very good
excellent
1
2
3
4
5
Instructor Overall
119
4.77
4.46
details
Effective Lectures or Presentations
119
4.64
4.44
details
Accessible Outside Class
117
4.73
4.41
details
Generates Enthusiasm
118
4.85
4.54
details
Facilitates Discussion & Encourages Participation
107
4.71
4.47
details
Gives Useful Feedback
89
4.79
4.44
details
Returns Assignments in Timely Fashion
86
4.79
4.44
details

学生のコメントは役に立つ

続いて先生としての私の個人評価を記したのが、前ページの表になります。一番上が、総合的に見てこの先生は先生としてどうだったか、の評価。2番目が、レクチャーやプレゼンがどうだったか、という授業の進め方の評価。3番目が、クラスの時間以外で先生が時間をつくってくれたかの評価。授業時間以外の学生との交流、メールの返信や教授室での会話がこの評価の対象になります。4番目が、先生が好奇心や元気を与える役割を果たしたかどうか。5番目が、先生が学生に議論を促すよう努力したか、学生の積極的な授業参加に配慮したかの評価。6番目が、先生からもらった宿題へのフィードバックの質の評価。そして一番下が、先生が宿題の採点をして返すのに要する時間が適切だったか、の評価です。先生の仕事ぶりが全般的に評価されており、先生が怠けられないように、よく考えられた質問だと思いませんか。

２０１１年秋、３年目になった「KYOTO」のクラスの場合、御覧の通りの成績表をいただきました。もちろん、これは抜群に良い結果です。１３６人という大きなクラスでこの数値を出すのは難しく、２００９年、２０１０年に続き２０１１年も３年連続でティーチング・アワードを受賞しました。1年目のアワードがビギナーズラックではなくてよかったとホッとしつつ、どんなに履修者数が多くなっても頑張れば何でもできると思わせてくれた、爽快な通知表です。

しかし、どんなにいい評点のときでも、このキューに付された学生からのコメントには学ぶところがあります。学生からのコメントは、キューのスコアのように一般公開はされていませんが、このクラスの強み、弱み、それに先生に言いたいことが自由に記入されています。内容はさまざまで、最高のクラスだったと褒めちぎる学生も、逆に文句を書きまくる学生もいます。どちらにしても、言いたいことがあるというのは学生に「何か」を働きかけた結果ですから、何も書かれないよりは遥かにましです。先生を続け、人間として成長していくには、褒められてばかりでは改善につながりません。どんな小さなことでも、学生からのフィードバックは一枚一枚ていねいに読んで、次に生かそうと批判や反省すべき点を受け止めるようにしています。

このように、キューの評点の公開と先生への匿名メッセージは、先生にとっても学生にとっても重要です。結果をウェブ上に全面公開するのは、個人的には公平でよい制度だと思っています。うまくいったクラスのキューは、それが目に見えて点数に表れます。

特定の学生の意見や噂ばかりでなく、ちゃんと数値で残していくのは、公正な記録の仕方だと思います。

履修者18人に助手1人

統計の話のついでに、履修者の数についても見てみましょう。ハーバード大学の履修者の数は、ウェブ上で一般公開されています。前述した通知表は学内の関係者、つまり学校のＩＤを持つ人全てに公開されているのですが、履修者の数は過去10年分にわたり、一般に公開されています。つまり、日本からパソコンでチェックすることもできる訳です。

従来の日本史のクラスは家庭教師程度の履修者数にとどまる、とお話ししました。ここで、その具体的な統計を見てみましょう（次ページ参照）。新しいものから古い順にのせています。基本的に、コースの番号が１００番台であれば大学生向けのクラス、２００番台は大学院生用のセミナーです。そして、並んだ数字は左から学部生の履修者数、大学院生の履修者数の順で、一番右が学部生、大学院生の履修者を合計した数です。

東アジア学部だけではなく、歴史学部と教養教科に属する現代日本史のクラスもあり

2011年 秋学期、3年目、KYOTOのクラス

JAPNHIST	115	Hardacre	1	3	0	0	0	4
JAPNHIST	146	Kitagawa	136	0	0	0	0	136

2011年 春学期、2年目、Lady Samuraiのクラス

JAPNHIST	145	Kitagawa	104	0	0	0	0	104
JAPNHIST	271	Howell	0	4	0	0	0	4

2010年 秋学期、2年目、KYOTOのクラス

JAPNHIST	126	Hardacre	0	2	0	0	0	2
JAPNHIST	146	Kitagawa	37	1	0	0	0	38
JAPNHIST	150	Howell	3	3	0	0	0	6
JAPNHIST	270	Howell	0	10	0	0	0	10

2010年 春学期、1年目、KYOTOのクラス

JAPNHIST	146	Kitagawa	17	3	0	0	0	20
JAPNHIST	255	Hardacre	0	2	0	0	0	2
JAPNHIST	260r	Kuriyama	0	4	0	0	0	4

2009年 秋学期、1年目、Lady Samuraiのクラスと大学院生用のセミナー

JAPNHIST	115	Hardacre	1	2	0	0	0	3
JAPNHIST	145	Kitagawa	14	2	0	0	0	16
JAPNHIST	261	Kitagawa	0	6	0	0	0	6

http://www.registrar.fas.harvard.edu/fasro/faculty/
enrollment_stats.jsp?cat=faculty&subcat=coursestats

ますが、私の属する東アジア学部の日本史のクラスの履修者数は、前ページの結果になります。お話ししたように、着任直後はまったく気にもならなかった履修者数ですが、ハーバード大学での日本史の不人気ぶりは本当に危機的です。ハーバード大学は少人数制を奨励していますが、そうはいっても他の学部ではこのように履修者数が一桁のクラスが並ぶような事態は起こりません。

ハーバード大学では、受講生の数が多くなると、学部生18人あたりにつき1人のティーチング・アシスタント（大学院生の助手）がつく制度になっています。これを「セクショニング」と呼んでいて、大きなクラスでも隅々まで目が届くよう、18人に1人の助手がセクションごとに責任を持って目を光らせることになります。高い学費の学校なだけに、18人で1セクション。マンモス校出身の私は、大学の頃は授業をさぼりにさぼっていたので、ハーバード大学の大学生にはおそるべき監視体制がついている！　と初めは驚きました。私がいたような州立の大学では、30人に1人とか60人に1人しか助手がつかないこともあるのですから、さぼるのは簡単だったのです。

私のハーバード大学1年目は、学部生の履修者が16人と、助手がつく基準の18人以下でしたから、宿題の採点からディスカッションまで、すべて自分で責任をもって受け持ちました。2年目の秋からは、38人と104人のクラスになったので、2セクションと6セクション分の助手を雇うことになります。1人の助手は2セクション分まで担当することができるので、38人の「KYOTO」には、1セクションずつ2人の助手、104人の「Lady Samurai」には、2セクションずつ合計3人の大学院生に助手をお願いしました。アシスタントをしてくれる彼らは、私のクラスに毎回足を運び、宿題の採点やテストの評価を手伝ってくれます。

また、100人以上のコースになると助手も複数名つきますから、助手の中でリーダーの役をする者が決められ、そのリーダーが助手たちの音頭をとる仕組みが生まれます。例えば、3年目の秋は「KYOTO」のクラスの履修者が136人になり、5人の助手さんが7セクションを手分けしてもつことになったので、5人のうち1人がリーダーになり、少し多く給料をもらうかわりに、助手同士の間の連絡や積極的に学生たちの世話をする役割を担ってくれることになります。つまり、学生が「宿題の期限はいつだったっけ?」とか「明日のクラスの読み物がダウンロードできない」などの授業内容以外の質問をしてきた場合は、先生ではなくリーダーの助手が解決するという次第です。

私の助手さんたちというのは主に東アジア学部の大学院生で、日本、韓国や中国に関する研究をしている場合が多く、日本中世史の学生であるとは限りません。したがって、彼らにとっても、初めて日本史を教える経験になります。そこで、学部生に教える前に助手さんたちと私だけで集まって、その週に講義する分野の教材の勉強と簡単な打ち合わせをすることになります。このように、大きなクラスになると授業の準備が助手から学生への2段階になるわけですが、大学院生とチームを組んで教えるのも楽しい経験です。

「楽勝科目」は人気がなくなる？

ショッピング期間と前年のキュー次第で、毎年、学生の集まり方が変わりますので、最初にクラスを作ったときには予想できない状況がたくさん起こります。そこで、そもそも新しいクラスとはどうやってつくるのか、クラスは年々どのように変わっていくのかなど、先生側から見たクラス運営の話をしてみたいと思います。

ハーバード大学からのインタビューをシカゴで受けた際には、日本の中世に関連するトピックで3つから5つぐらい、教えたいコースのシラバスを提出するようにと指示がありました。シラバスとは、コースの概要、課題、読み物のリストを含めた授業プランを文書にしたものです。

日本史の先生といっても、私の持ち場は江戸時代より前なので、その「中世日本史」の枠の中で、自分が得意とするテーマでシラバスをつくり、5つを提出しました。その5つの中から「Lady Samurai」と「KYOTO」が学部生向けに、もう一つが大学院生用にと、3つのコースが採用されたのです。

大学内には学部ごとに、その学部を専攻する学生向けの必須のクラスがあります。そのクラスが、基本事項をテキストに沿って勉強する入門概説のたぐいだったりすると必然的に履修者が多くなるので、学部の教授たちが1年ごとに交代で教えるか、担当の先生が1人つきっきりになることになります。私はそのような必須かつ既成のクラスを担当する義務がなかったため、自分のオリジナルのクラスをつくって学部に承認をもらうという仕組みでした。

「Lady Samurai」のクラスの場合、とりあえず20人ぐらいを想定して、その20人でカバーできる課題のローテーションを組み、毎週決まった量の読み物をこなすようにプランを考えました。1年目は16人と当初想定した範囲の人数だったので、シラバスに変更を加えず、クラスが難なく進められたわけです。

しかし、2年目は16人から104人と突然受講者が増えたため、これらのシラバスを大幅に改正する必要がありました。人数が多くなっても全員が参加できるよう、課題も工夫をします。例えばグループ・プレゼンテーションも、3人から6人にグループのメンバーが増えても大丈夫なように、読み物の量を増やしたり、内容をバラエティーに富んだものにしたりという微調整をするのです。さらに、人数が多いと採点にも時間がかかりますから、課題を休日の前後にバランスよく配置して、採点をしてくれる助手たちの負担もできるだけ軽減するようにスケジュールを確認します。

そして、2年目は1年目に教えたコースの他にもう一つ、いま研究を進めている「約束の歴史」という大学院生用のコースを、3年目は「東アジアの数学史」の学部生用のクラスをつくりました。これは現在研究中のテーマなので、セミナーという形をとる少人数向けのシラバスにしました。このような次年度に新しく設けたいクラスは、2月の教授会でシラバスが議論にかけられ、そこで東アジア学部の教授たちの承認を得て、ハーバード大学のクラスのカタログに登録される仕組みです。

クラスをどれくらいの難易度に設定するのかも、検討がむずかしいところです。ハーバード大学の学生も、選択科目の教科ならば、簡単にクリアできるコースを選びたがるのは確かです。しかし、難易度だけで比べると、2回エッセイを書くだけでよいとか、リサーチプロジェクトのみだとか、いろいろな簡単なクラスの候補があがってきます。

面白いのは、ハーバード大学の学生は、易しいだけでは心を惹かれないということです。彼らはやる気に満ちています。目の前に高いハードルがなければ燃えないのです。易しいクラスは優がとれて当然なので、そんな科目に時間を費やすのはむしろ無駄だとも聞きます。そこで、難度を低くするよりも、これは新しい！　おもしろそうだ！　その挑戦受けてたとう！　と、彼らの好奇心をくすぐるようなカリキュラムを提示することが重要になります。

楽勝科目は物足りない。易しいだけではクラスが売れない。嘘のようですが、それがこの学校のカルチャーなのです。

キュー攻略の秘密

さて、ティーチング・アワードを受賞してインタビューをうけた際に、「キューで高得点をとる秘密は？」と聞かれたことがありました。確かに、大きなクラスで4・5を超えるようなキューを獲得するのは至難の業、というかほとんど無理です。学校側としては、どうやってこんな高得点を出したかが気になるわけです。しかし、大層な秘密があるわけでもなく困ったのですが、結局、３つの「秘密」をひねりだしました。

この「秘密」を考えるにあたって、個人的な秘密の前に、まずは大きなクラスを成功させる大前提があることに気がつきました。その大前提とは、ごくシンプルです。「準備がすべて」だということです。

誰かに物事を教える仕事をうまくこなす秘訣の99パーセントは、準備段階にあると思うのです。準備に力を入れずに、出たとこ勝負ではすぐに限界がきます。ですから、準備を念入りにすることこそがキュー攻略の大きな鍵だと思います。つまり、個人的な秘密の前に、共通して「準備が重要」ということが大前提です。

私の場合、すでに最初の章で紹介したことですが、歴史のクラスで学ぶことが学校の枠を超えて社会生活に直結するように、できるだけ社会力が身につく課題を出すことを心がけてシラバスをつくっています。学校では、学生がどれほど優れているか、それをテストの結果で証明する方法をとるのは、日本の大学でもハーバード大学でも一緒です。しかし、そのような能力の計り方は社会では通用しないことも、また同じです。実際の社会で輝ける人とは、他人と力を合わせられる人間、自分のオリジナリティーを信じられる人間だと思うので、その2つの資質を育てるよう、シラバスにはグループワークとプレゼン、映画作り（これについては後述します）を課題として入れておきます。

シラバスを書いた後は、先ほどお話しした東アジア学部の大学院生の助手とは別に、コンピュータ関連に強い数名の助手を雇うことができる制度を使って、さらに準備を進めます。具体的には、映画をつくるコツや手順など、学生がテクニカルな面でつまずいてしまわないように、あらかじめ宿題のガイドを用意します。ここで手伝ってくれる助手たちが、ピティフと呼ばれる強者たちで、コンピュータでてきぱきと下ごしらえをしてくれます。彼らが私のウェブサイトを管理、アップデートしてくれ、毎学期、その年の課題に必要なガイダンスをウェブ上に用意します。ピティフたちとの準備は学期が始まる1週間前を目処に終えるようにし、そこからショッピング期間を経て、本格的な授業が始まるといった具合です。

結局、どのような課題をどのタイミングで授業に組み込むか、そして、どれほど準備しておけるか、つまり学期の前のクラスへの意気込みで勝負はだいたい決まっていると思うのです。あとは私のクラスをとることを決めてくれた学生たちを満足させられるよう、考えられる質問の出所を想定して、資料のストックをつくっておき、授業に臨みます。準備あっての実戦です。

では、この大前提をふまえた上で、もっと個人的なキュー攻略の秘密の話に入りましょう。

聴覚を意識的に使わせる

最初に核心を言っておくと、「自分の趣味をティーチングに生かすように工夫すること」です。仕事のようにプレッシャーからではなく、好きな気持ちにまかせて楽しむのが趣味なので、仕事に生かせるとなったら好都合です。

私の場合、趣味にかける時間が人一倍長く、毎日何かしらの活動に本気で没頭して遊んでいます。その趣味を今から3つ紹介していきますが、それぞれの趣味の要素を授業に取り入れることで、クラスに自分のオリジナリティーをつけ、私自身が楽しんでいけるようにするのがキュー攻略の3つの「秘密」です。

第1の趣味はピアノ。ピアノとは長い付き合いで、やめていた時期もあったのですが、ハーバード大学に赴任してからは毎日2時間以上練習しています。学校のホールでちょっとしたリサイタルも毎年開催します。ピアノはとても好きで、その練習中に「Lady

Samurai」の歴史の書き方がひらめいたというエピソードもご紹介しました。

しかし、ピアノはどんなふうに授業に生かすことができるのでしょうか。もちろん学生の前で実際に弾く訳ではありません。授業をする時に、学生に聴覚を積極的に使わせるよう仕向けることで、この趣味を役立てるのです。詳しくご説明しましょう。

大学の授業では現在、パワーポイントやキーノートというプレゼン用のソフトを使うのが一般的ですが、これは単に演壇に立って先生が話をするレクチャーを超えて、視覚を利用する点で有用な教授法とされています。そこで、私もスクリーンに画像、動画、説明書きを表示するようにしています。

しかし、この方法を超えて、聴覚だけに頼ったレクチャーをしたりもするのです。たとえば、サウンド・エクスペリメント（音の実験）と称して、目をつぶって音楽を聴いてもらった後に話を進めたり、講義の途中にバックグラウンド音楽を微妙に流してみたり……。下手な覚醒術というよりミュージック・セラピーと思っていただけるとありがたいのですが、これがまた面白いほど効くのです。

ハーバード大学の1クラスは、週に60分の授業を3回にわけるスタイルと、週に90分の授業を2回にわけるスタイルの講義があります。私の場合は90分2回の方なので、私

1人がしゃべりまくったり、100枚のスライドを見せたりしたら、居眠りする者や途中退場者が続出となってしまいます。途中退場なんて！　と、驚かれるかもしれませんが、おもしろくない時は学生は勝手に出ていきます。正直すぎです。

そこで、学生が飽きる前に、いろいろな音を繰り出すのです。それは効果音の時もありますし、流行《はや》りのポップスの時もあります。たとえば、元寇の話をしなくてはならなくなった時には、モンゴルの民謡をバックグラウンドで流し、いつもとちがった雰囲気を演出します。そして元寇を語る際には「神風」、つまり台風のネタに触れることになりますから、暴風の音を出してみたりします。結婚の話題の時にはウェディング・ソングを流してみたりと、授業の内容に関連する音を選んで雰囲気を変えます。

音には誰もが敏感で、こうした授業の進め方はとても新鮮らしく、学生には好評です。また、その時に私が言うことを、音とともに自然に覚えてしまうといった意見も聞かれます。特に、それが彼らに馴染みのある音楽だったりすると、記憶は無理なくしっかりと定着するようです。このように、視覚だけでなく聴覚を使わせるよう毎回工夫しています。

さらに、音に関連して圧巻なのが、ラップづくりです。フリースタイルのラップは、単純なリズムにのせ、早口で一気にたくさんの言葉を言うことができます。習った内容を数行にまとめたフリースタイルラップのコンテストをするのです。どんなにドライな内容でも、それをラップにするとなると学生は血眼になります。実際に、宗教など込み入った話になると学生は疲れてしまいますが、その後にラップを作るとなると、最初は興味がなかった神道や仏教の話にも注意を払うようになります。ラップは、受験の時の語呂合わせに近いものかもしれませんが、これまた大学生にぴったりの学習方法だと思っています。

パソコンを閉じてお絵描きを

ピアノの次に、毎日凝って取り組んでいるのが、お絵描きです。私は日記のかわりに毎日小さいスケッチブックに絵を描いています。1分で出来上がる簡単なキングコングだったり、1時間かけて書いた壮大なチャールズ川の風景だったり、白黒だったりフルカラーだったり……。描く対象も色使いも気分によってまちまちですが、心に残ったことを、真っ白なノートに一日に何か一つずつ書いています。

この「お絵描き」が、キューの評価を上げるための第2の秘密です。「お絵描き」といってしまうと幼稚園児の遊びのように聞こえるかもしれませんが、これも馬鹿にできません。

学生は授業中、ノートをとる作業に従事しますが、今やどの学生も手書きのノートを離れラップトップ持参で授業に来ます。その上キャンパス内はどこでも無線でインターネットにつながるので、学生はオンラインで友達とチャットしたり、フェイスブックを眺めたりといった、学習の障害になるような誘惑と戦いながら授業を受けています。

私が真っ白な紙を配っておいて、授業で「お絵描き」を指示すると、学生はまずパソコンを閉じる必要が出てきます。最初はひやひやしますが、いったん紙に絵を描いてみると、聴覚で理解したことが視覚に変換されて、イメージがぐんと広がるのです。

試しにパンダを描いてみて下さい。

思ったとおりに描けたでしょうか。面白いことに、文字ではなく絵で表現する作業の結果は、誰にも想像できません。あなたのパンダはクマとどう違うでしょうか。白と黒のバランスはどうでしょう。顔だけ描きましたか？　全体像ですか？　想像はできても、実際に描いてみると、なかなかうまくいかないものです。もしも思ったとおりのパンダが出来上がらなかった場合、どこがへんなのか突き止めたくなりますね。やってみなきゃわからない、出たとこ勝負的な要素満点ですが、そのハプニング性が授業を面白くさせます。

出来上がった絵は、他の学生と見せ合うようにします。それが良いのです。自分がパンダを描いたら、他の人に見せたくなりませんか？　絵が出来上がったら見せ合って楽しみます。例えば、いくさのイメージなどを形にしてみて、そこから間違い探しを楽しみます。それぞれが描いた絵の違いから、新しい発見を繰り返すのです。実際に、面白い形をした動物をたくさん描いて笑いをとってくれた学生もいますし、短時間で巧妙な図柄を仕上げたすごい学生もいました。

お城の例も紹介しましょう。授業の初めに、「城（キャッスル）を描いてみて」と伝えると、ほぼ全員、小高い丘の上にある西洋の四角いお城を正面からドーンと全面に描きます。しかし、その後の授業の中で、街中にある京都の二条城や大阪城の写真を見せると、次に「お城を描いてみて」と言った時に、何をどこから描いていいのか分からないくらい、得たばかりの知識にさいなまれる結果になるのです。

上手下手はさておき、一瞬で描いた絵画の中に入っている要素と入っていない要素は、本人にとって問題点や興味の対象が一目瞭然になるという、実におもしろい結果に結びつきます。「お絵描き」は、聞いたことを即座に吸収していく手段として、実にすぐれた方法なのです。

歴史の授業で盆踊り！

3つ目の秘密は、趣味にしているスケートです。

アイスホッケー大国といえばカナダ。そのカナダに住んでいたので、私ももちろんホッケーの大ファンで、大学時代から大いに楽しんでいました。バンクーバー周辺ではいくつも地域リーグがあって、カナダでホッケーを楽しむのは、日本で言えばバッティングセンターにいく感じです。

しかし、アメリカのプリンストンに引っ越してからは、カナダと違って気軽に入れるアイスホッケーのチームがなかったので、1人でもできるフィギュアスケートを習い始めました。大学院生なのに週3回は7時からの朝練、金曜の午前中は自主練と、けっこう本格的に滑っていました。

スケートをどんなふうに授業に取り入れるのかというと、「体全体でアイデアを表現する」ということに生かしているのです。

大学生は座って授業を受けているので、普段は全身を見せることがありません。たまに手を挙げて発言するのがせいぜいで、歩き回ることなどありえないでしょう。しかし、スケートの練習をしている時に、大学の授業は座って受けるとは決まっていない、もっと全身を使った授業をしたっていいじゃないか、というアイデアが浮かんできました。

そこで、数人を指名して、みんなの前で私の手伝いをしてもらったり、授業の説明のなかの譬《たと》え話に参加してもらったりしています。ハーバード大学の学生は実に活発ですから、座っているより前に出てきて目立つ方が楽しいと思う学生が多いのです。何をするときも、「さあ、誰かやってもらえますか?」と言って教室を見渡すと、内容がなんであれ10人以上が即座に手をあげてきます。日本のクラスで、誰かを指名しようとするとしんと静まりかえってみんなが下を向く、あの瞬間と正反対のことが起こるわけです。

ショッピング期間のクラスでさえそうです。学生はやる気たっぷりで授業に参加します。初めて会う学生が多いにもかかわらず、このクラスで主導権を握るのは私だ！　という姿勢で堂々と発表します。その勇敢な姿に刺激され授業はヒートアップ。競争が好きで目立つことを恐れないハーバード大学の学生には、こうした参加型の授業の進め方は向いているようです。

特定の個人だけが目立つ仕組みばかりではありません。１３６人全員が参加するアクティビティもあります。たとえば、ステージの真ん中を区切って、正解と思うなら右側へ、間違っていると思うならば左へと移動する○×ゲームをしてチャンピオンを決めたり、全員でダンスを踊ってみたりもしました。歴史のクラスで〝ダンス〟です。

江戸時代初めの風流踊りを説明する授業をするときに、実際に円をつくって大勢で踊ってみようと思ったのです。それは、経験のない大掛かりな実験でした。まずはユーチューブに投稿された盆踊り講習の映像を大きなスクリーンに映し出し、音楽を大音量でかけました。学生は映像を見ながら、見よう見まねで盆踊りをやっていました。すると、驚くことに、たった数回の練習で踊れるようになってしまい、ハーバード大学の学生が日本人さながらの盆踊りをしてしまう風景に、言いだしっぺのこっちがひっくり返りそうになるくらい驚きました。やってみるものです。こうやって円をつくって踊ると、不思議に連帯感が生まれるというのは、盆踊りも大学のクラスも同じでした。

ピアノとお絵描きとスケート。どれも授業には役に立ちそうもない子供の習い事に思われがちですが、実は大学教育にスパイスを加える手段なのです。

以上のことを、私のキュー攻略の秘密として、インタビューの際に話してみました。

履修する学生たちの肖像

さて、136人のクラスの中には、どんな学生がいるのでしょうか？　ここで彼らの紹介をしてみます。

私のクラスは主に選択科目として受講されますので、いろいろな専攻の学生がまざっています。トップ3をあげると、ハーバード大学で人気の専攻のガバメント（政治学）、経済学、社会学になり、理系のなかでは数学の専攻が化学や物理より多くいる傾向です。その他に目立つマイナーな専攻では、神経生物学、分子生物学、コンピュータ・サイエンスなどの学生がいます。どの学生も自分の専攻を別に持ちつつ、友達と一緒にとれる選択教科として、私が教える日本史を選んでくれているのです。

人種も、もちろんさまざまです。日本人は残念ながらごくごく少数ですが、アメリカ全土から集まったアメリカ国籍の学生が大多数で、白人、黒人、アジア人、ハーフやクォーターの子もざらにいます。どのようなバックグラウンドを持っていても、学生は特に違和感なく座っています。

学生に「あなたの夢は？」と聞くと、次の政権の中核を担う人間になる！　とか、コンサルや大手企業に入る！　医者！　弁護士！　と力をこめて言う現実志向の答えがやはり多くを占めます。しかし、そういうタイプの他にも、最高のパンだけを焼いて生きていきたい！　とか、パンダしか描かないパンダ専門の絵師になりたい！　とか、裸足で世界一周する！　と言い放ったロマンチックな学生もいました。私の大学時代の夢は、飛ぶこと！　でしたから、ロマン派たちの気持ちが痛いほどわかるのですが、私のように大学の先生になる人が出るとすると彼らからかもしれないと、ひそかに思ったりもしています。

加えて、私のクラスの特徴は、運動部に属している学生が大多数を占めることです。大勢のアメリカン・フットボール選手に、バスケット、ラクロス、ホッケー、サッカー、ボート、レスリング、水泳の選手たち。ありとあらゆる種目のスポーツ選手たちが集まります。実際、クラスの半数以上が、体格ががっしりした運動部の学生なのです。普段着で移動中のプロ野球選手の集団を思い浮かべて下さい。彼らがぎちぎちに教室に座っている姿を想像していただければ、だいたいイメージ通りです。万が一、何が起こっても怖くないぞ、と思わせてくれる、頼もしさにあふれた集団です。

日本語の「体育会系」という言葉にあるように、運動部の学生たちのさっぱりとしてユーモアのある雰囲気は、とてもなごみます。授業中の質問や壇上での発表でも、優等生らしい答えにちゃんとユーモアを交えてきます。それに応えるたくましい学生たちの笑いも、また好ましいものです。

花形はフットボールとバスケット

ハーバード大学では、運動部の中でもフットボールとバスケットが特に花形のスポーツです。フットボールは、秋学期中は毎週土曜日に試合があり、その勝ち負けに学内が騒然とするような極めて重要なスポーツなのです。学校の名誉を背負って戦う彼らは、チーム内外からの重責を常に背負って学校に来ています。チーム内ではもちろん激しいスタメン争い。チーム外からは、学生新聞やフェイスブックなどに書かれる厳しい声。

２０１１～12年のシーズン、ハーバードはめでたくアイビーリーグのチャンピオンに輝き、宿敵エール大学も大差で破る快進撃を見せ、どの選手も誇らしげでした。バスケットボールもまた、チーム発足以来の好成績で勝ち続け、彼らの好調ぶりがクラスにもいい雰囲気を運んできてくれています。

そんな彼らは、私を試合に誘ってもくれます。フットボール、バスケットボールはもちろんのこと、女子ホッケーのメンバーは、ホッケー経験者の私を２０１１〜12年シーズンの名誉コーチとして特別席のシーズンチケットを用意してくれたので、ホームゲームは全部見に行くようにしています。女子のバスケットボールチームもまた、名誉コーチ制度を利用して、私を対プリンストン戦のベンチに入れてくれました。観客席ではなく、ベンチです。

学生たちの真剣なプレーには脱帽です。若さとみなぎるパワーに、とても励まされます。朝早くから練習をこなし、遠征試合の前には宿題を締切り前に終わらせなくてはいけないスケジュールにもかかわらず、学校の成績を保っていくことは大変だろうと思います。そんなハードスケジュールをこなしている学生が多いクラスなので、私も余計に頑張ろうと思うのです。

運動部所属以外の学生も、日本の大学でいうサークル活動に近いグループに属していることが多くあります。例えばオーケストラ。ハーバード大学には、ハーバード・ラドクリフ・オーケストラとバッハ・ソサエティ・オーケストラの２つがあり、定期演奏会前はプロ並みのレベルを目指して練習しています。そして、サンダース・シアターという学校で一番大きなコンサートホールで演奏会をします。オケの他にも、アカペラのグループやコーラス、ブラスバンドまで、音楽系統の部はたくさんあります。コンサートのチケットを持ってきてくれる場合は喜んで出かけ、誘われると練習を見に行くこともあります。

加えて演劇やオペラ、ダンスもさかんで、ハーバード大学内の舞台やスタジオでのコンサートや発表会にはよく呼ばれます。このように運動部と文化部の活動のフォロワーをしている私は、金曜、土曜、日曜までスケジュールがびっしり埋まってしまいますが、どの試合や演奏会に行っても毎回刺激を受け、ある意味、私の元気の素になっています。

授業以外での学生との交流

部活やサークル活動以外にも、オフィスアワーやハウスディナーで学生との交流があります。

オフィスアワーというのは、教員が1週間のうち決まった曜日の決まった時間に必ずオフィスに待機するシステムで、学生はアポなしで研究室に立ち寄ってよいことになっています。通常ですと、1週間に2時間オフィスアワーを設けることになっていますので、私の場合も火曜の午後2時から4時までは、じっとオフィスにいて学生の話を聞きます。

しかし、100人を超えるクラスを持つと、学生が列をなしてオフィスアワーに来ることになりますから、週2時間ではさばききれず、結局のところ毎週4時間ほどオフィスアワーを追加しています。追加分は20分枠のアポイントメント制としているので、学生はウェブ上で時間帯を予約してからやってきます。

オフィスアワーでは1対1で話ができるので、学生にとっても私にとってもいい時間です。大人数の講義の中では聞きにくい質問も気軽に聞けますし、個人的な見解を率直に言い合うことができます。学生は先生のことをもっとよく知りたいと思う気持ちでやってくる場合も多いので、プライベートな会話も多く、先生側にも学生側にもいいシステムだと思います。

また、学生は単独で、またはチームを組んで、ハウスディナーに誘ってくれます。ハウスディナーを説明するには、まず「ハウス」という制度からお話ししなくてはなりません。ハーバード大学は基本的に全寮制で、1年生の時は学内の中心に位置するハーバード・ヤードという門で囲まれた古くからあるエリアの寮で過ごします。どの寮に属していても、食事は大きなダイニングホールでとり、ハーバードに来たという雰囲気たっぷりの1年を過ごすことになります。

そして、2年目からは「ハウス」という、ハーバード・ヤードの外にある寮のメンバーになります。大学生用のハウスは、チャールズ川に近いところにある9つの寮と、クオッドという歩いて20分ぐらいのところに位置する3つの寮からなります。つまり、2年生以上の学生は、12のハウスのどれかで暮らしているわけです。

ハーバード大学の学生たちは、自分のハウスにとても誇りをもっていて、他のハウスと競争意識を持っています。ハリー・ポッターをご存知の方は、彼らが属する縦割りの寮だと思ってください。ハーバード大学でも、結束する集団に分かれて、大学内で常に競争しているのです。ハウス対抗での行事もありますし、ハウスごとにそれぞれ旗やキャラクターがあり、その団結力の強さには脱帽です。一緒に暮らしているわけですから、家族のような感覚になるのでしょう。

そのハウスで学期に1度、1人の学生につき1人の先生を呼んで、ディナーパーティが開かれます。学生が先生にタダでご飯をおごることができる素晴らしい企画なのです。この行事は、すべてのハウスが一斉に行うわけではなく、例えば2月の1週目の火曜日の夜はダンスター・ハウス、木曜日はローウェル・ハウス、2週目の水曜日の夜はエリオット・ハウスというように、多少時期をずらして開催されます。学生たちはドレスやスーツで来るようにあらかじめ指示されており、いつもとは別の姿で先生を迎える特別なイベントです。

1人の学生につき1人の先生しか呼べませんから、ハウスディナーに呼ばれるというのは先生にとっては、とても名誉なことです。学生からメールで誘いを受けると、待ち合わせの時間を決め、ハウスの玄関で学生と合流することになります。学生は正装して待っており、先生たちを立食のオードブルとカクテルパーティーに30分ほど連れて行き、話を始めます。その後、ハウスの大食堂でディナー。ディナーは前菜、メイン、デザートのコース制になっていて、ベジタリアン用も準備されている本格派。さすがハーバード大学、何もかも徹底しています。

どのハウスにもハリー・ポッターの学校並みの豪勢な食堂があるのですが、実はとくにハリー・ポッターの食堂にそっくりな場所が一つあります。それは、アネンバーグという1年生用の食堂です。1年生は、みんなそこでご飯を食べるので、食堂がとてつもなく大きいのです。蠟燭《ろうそく》のようなライトが壁にずらりと並び、高い天井は作りも色も、ハリー・ポッターの食堂にそっくりです。ハリー・ポッターが人気になってからは、その建物に立ち入って写真を撮る旅行者が急増してしまい、今では関係者以外は立ち入り禁止なのですが、そのアネンバーグでも1年生が先生を1人連れてきて食べてよい日があります。ハウスディナーの豪華ハリー・ポッター版です。

これまで、すべてのハウスに呼んでいただきました。女子学生の場合はドレスで来てくれる子が多く、男子学生はたいてい2人か3人で私1人をホストしてくれます。1人では多少照れくさいのでしょう。もしくは気を遣ってくれているのかもしれません。ハウスディナーではワインもいただくことがあり、学校の勉強以外の会話がはずむ楽しいひとときです。

こうやって、運動部の学生とも文化部の学生ともそれ以外の学生とも、いろいろな機会でふれあっていきます。1学期は3、4ヶ月ですが、卒業後も連絡を取ってきてくれる学生がたくさんいるので、授業を超えた学生との交流はありがたいと思っています。そして、実際の生活ぶりを知れば知るほど、私のクラスが彼らの大学生活をより楽しくしてくれればいいな、としみじみ思うのです。

5つのハンデ

先生の通知表を公開するところから学生の話まで、ハーバードライフをまとめてみました。とても楽しい生活なので普段は悩みも全くないのですが、高いキューをとる私にも、アメリカの大学の先生としては「5つのハンデ」があることにもふれておこうと思います。

5つのハンデとはつまり、女性である、若い、アジア人種である、英語が母国語ではない、そしてテニュア（終身在職権）付きの教授ではないことです。白熱教室のマイケル・サンデル教授の正反対のような存在、というとわかりやすいかと思います。

私の外見は誰が見ても間違いなく純日本人。あまりにも日本人っぽすぎて、外国に長く住んでいるとは思えないようです。実際に年齢が若いだけでなく、アジア系はさらに若く見えることもあって、知らない人が見れば、まさかハーバードの大教室で教えている人間だとは想像もつかないはずです。「人は見た目が9割」とか言いますが、「見た目」だけならハーバードの先生としては「ありえないタイプ」でしょう。

しかし、こればかりはしょうがありません。女性であること、若いこと、アジア人種であることの3つは、私の努力でどうなるものでもありません。はっきり言うと、このキャンパスで差別がないとは言えず、この3つのどれかが理由で不利な目にあってしまうことはあります。特に、多人種間の理解を積極的に促し公平に保とうとするカナダに長く住んだ経験からすると、アメリカ東海岸に位置するこのキャンパスは、残念ながら、まだまだ偏見が多いところだと思います。

ただし、教えている教科が日本史なので、日本人であることは逆にすんなり受け止めてもらえるようです。学生にとっては、日本生まれで純日本人の見た目の先生が日本史を教えることは、逆に新鮮だとも聞きます。ですから、学内の大人の世界では不利な目にあっても学生にとっては貴重な存在なわけで、この3つのハンデは実は大きなプラスになっていると、胸を張るようにしています。

残りの2つは、英語が母国語ではないことと、テニュア付きの教授ではないことですが、私は英語で考え英語で生活して英語で夢を見る、そんな英語が母国語の人とほとんど変わりない生活をしている人間なので、英語が母国語でないことで不利を感じることはほとんどありません。それでもやはり気にはしているので、授業中は特に気をつけて分かりやすく話すように努力しています。自分の能力の最高のラインを保つよう、集中力で勝負するのです。その努力の甲斐あってか、1年目から誰一人として、私の英語にコメントしてきた学生はいません。逆に、真剣に言葉を選んで話しているから失言がなくて有利である、とも言えます。学生と「おしゃべり」感覚でレクチャーをしない、その完璧をめざすポリシーが功を奏していると思います。

テニュア付きでない、という点も同様です。ハーバード大学の教授陣は、多くの場合他の大学で教えてから、長年かかってこの大学に終身雇用で起用されるのです。10年はゆうにかかるのが普通です。そして、長年かかってテニュアを勝ち得たからなのか、テニュア付きの教授は、ランクを気にして物事を進める人が大多数です。

しかし、学生にとってはそんなのは他人事。テニュアにこだわって窮屈に生きてきたからか、人間界を遠く離れてしまったような教授も、残念ながらたくさんいます。学生は、1年もここにいれば、「テニュア付きの教授だからスゴいとは限らない」ということに気付きます。テニュア付きであろうとなかろうと、学生は魅力のある先生について勉強していくのです。したがって、最初はハンデと思っていたこの条件も、若さと良識をチャームポイントとして、逆に有効に使っていこうと思うようにしています。

「ベスト・ドレッサー」賞と「思い出に残る教授」賞

キューという学校公認の先生の評価以外にも、大学には学生新聞などが自主的に行っている先生の評価もあります。ハーバードの学生新聞には、基本的に学生が取材・執筆・編集する「クリムゾン」と、主に学校側が運営している「ガゼット」という2つがあります。どちらも紙版とオンライン版があり、頻繁に更新されています。

ある日、オフィスに知らない学生4人の集団が来ました。手にはマイクと本格的なカメラ。どうしたのかと驚いていると、「おめでとうございます！　ハーバード大学のスタイリッシュな教授トップ10に選ばれました！」と伝えられました。面食らったのですが、よく話を聞いてみると、学校新聞が主催した投票で、素敵な着こなしの先生トップ10を選んだので、「モスト・スタイリッシュ・プロフェッサー」のタイトルをもらってください、とのことでした。日本語に訳すと「ベスト・ドレッサー」賞といったところでしょうか。ありがたくいただくことになり（というか、拒否権はなく）、その場で写真を撮られ、記事用にインタビューもされました。キューのように、どんな授業をするかだけが先生の評価の対象ではなく、どのような服の趣味で、どんな着こなしをして学校に来るかまで、学生はチェックしているのです。

ちなみに「モスト・スタイリッシュ・プロフェッサー」の10人の中には、いつでも蝶ネクタイの教授、カウボーイハットの教授、年中サンダル姿の教授などがランクインされています。つまり、自分のファッションスタイルを貫く先生たちがベスト・ドレッサーに選ばれる傾向にあるようです。女の先生も同様で、スカーフでスーツに彩りをそえている教授、紫をトレードマークにしている教授がランクインしています。私がなぜ入ったのかは良くわからず、「ちょうどいい服の感じ」とか、「圧倒的に若くてフレッシュなファッションセンス」とか、つかみどころのない理由ばかりでしたが、とりあえずうれしいニュースになりました。

最後に、これこそ先生がもらえる最高の評価だという称号をご紹介しましょう。それは、大学4年生によって選出される、その年の卒業アルバムに載せる「フェイバリット・プロフェッサー」です。ハーバード大学にも卒業アルバムがあり、毎年、全学部の全教授陣およそ2100人の中から、40人から多くて50人の先生が、その年を代表する「思い出に残る教授」として投票で選ばれます。

卒業アルバムをめくると、最初の数ページに掲載されている「フェイバリット・プロフェッサー」たちの投票。これは4年生の話題を一時かっさらうほどの関心を呼びます。投票結果発表後には、選ばれた先生をとにかくお祝いします。実際、臨時ニュース扱いでウェブサイトに記事をのせる学部もあるほどです。そして、この先生に選ばれると、卒業アルバムの冒頭ページにでかでかと写真とメッセージをのせる権利が与えられるので、先生たちはコメントを提出することになります。

2012年5月に出る卒業アルバムの投票結果は、2011年の11月2日に発表されました。そんな投票結果など全く気にすることもなかった3年目の私ですが、とても光栄なことに、この賞をいただくことになりました。

通知のメールは出張中に見たのですが、誇らしくて涙が出たくらいです。好きなことをしていて、それが認められる機会をいただいて、本当にこの仕事をしていてよかったと感動ひとしおでした。投票してくれたただろうたくさんの学生たちの顔を、思い出せる範囲で思い出し、感謝しました。

通知から1ヶ月後の12月2日が、卒業アルバムに載せるコメント提出の締切りです。こんな私が、どんな言葉を残してあげられるだろうかと少し時間をかけて考えました。学校に保存してある100年分の卒業アルバムのうち、最近10年間分のコメントを読んで下調べもしました。しかし、どのコメントも、いわゆる「偉い」先生が「若い諸君へ」といった体裁で綴られたもので、とうてい私が書けるようなものではありません。写真も、どの先生もスーツでばっちり決めたプロのショットでした。

しばらく考えたあげく、体で何かを表現している様子がわかるよう、顔だけでなく上半身が見える写真のレイアウトを決め、自分のオフィスで工夫して写真を撮りました。文章も、メッセージを1行だけ、短くまとめることにしました。私は日本史を専門で教えていますが、3年目の秋からお手製の数学史のクラスも担当するようになった数学史の先生でもあります。そこで、無限大のシンボル「∞」をメインに、グラフィック技術を使って、この短いメッセージの中に自分の写真を2枚組み込みました。超お手製、渾身の1行メッセージはこれです。

No proof needed; your possibilities are ∞.
（証明などいらない。あなたの可能性は無限大）

２０１２年５月の卒業アルバム、出来映えが楽しみです。そして、私に投票してくれた学生たちが、いつか遠い未来に、アルバムを眺めながら私のメッセージを感じてくれるととても光栄だな、と胸いっぱいの思いを込めて提出しました。

第四章

ハーバード大学の日本史講義2 KYOTO

授業を支えてくれる助手たちと

さて、このあたりでハーバード大学出張日本史講義の2回目を始めましょう。今度は「Lady Samurai」よりももっとカジュアルで、前章でご紹介したような教授法の話も織り交ぜて進めますので、学生の立場になってゆっくりと楽しんで下さい。

出張講義の内容は、私の趣味の3つの要素、つまりピアノ、絵画、身体表現をたっぷりとりいれたクラス「KYOTO」です。京都は日本史でも重要な位置を占めますが、「場所を主体とした歴史」は、大学の歴史の授業としては珍しい試みで、最初は驚かれました。というのも、歴史のクラスは、国や地域ごとの国史を時間順に振り返るものだという固定概念があるからです。しかも「KYOTO」は、アクティビティ中心の授業スタイルにしたユニークなクラスです。この新企画がとても面白いと好反応を受け、キューでの高得点につながったのです。

アクティブ・ラーニング

このクラスは通常の講義スタイルを完全に覆し、学生中心の「アクティブ・ラーニング」、つまり学生が自分たちで実際に試しながら学ぶという、体験型の教授法を導入したものです。アクティブ・ラーニングとは一般に、「座っているだけの聴講スタイルを超える体験型の授業をする教授法」のことを指します。何がアクティブ・ラーニングかという厳密な定義はありません。しかし、最近はハーバード大学でも、学生が先生の話を60分や90分聞くだけというのはいかがなものかと、アクティブ・ラーニングを取り入れようという動きが始まりつつあります。

この背景には、特に文系の学部で、従来の講義のやりかたに疑問が生まれてきたことがあります。今の大学生は、生まれた時からコンピュータとデジタル情報に囲まれて育ってきています。その彼らに、従来の試験地獄とペーパー書きを課すと、苦痛なばかりか彼らの将来の役にもたたないということが明らかになってきたのです。そこで、アクティブ・ラーニングを取り入れるよう、学校もその手法を推薦しはじめています。

代表的な成功例は、白熱教室で有名なマイケル・サンデル先生の授業です。彼は、レクチャーをするだけでなく、実際に学生と会話をしながら話を進めます。質問を投げかけ、さまざまな考えに耳を傾け、結果を導くそのスタイルをご存知の方も多いでしょう。つまり、先生が一方的に教えるのではなく、とりあつかう問題をはっきりさせ、それに対する最善の答えを学生に考えさせ、結論をひきだす。いわば道筋を丁寧にたどっていき、その過程を大事にする教え方です。

私の「KYOTO」のクラスは、サンデル教授とはまた違った角度から、アクティブ・ラーニングのモデルクラスになっています。実際、クラスのアクティビティや課題の出し方が画期的であるとして学長室に呼ばれ、新しい手法について説明をしたこともあります。私のクラスも学生を主体にする点では他の先生と同じですが、大きな違いは、実際に学生が「ものをつくる」ところにあります。歴史のクラスのカリキュラムに、いろいろなアクティビティを用意し、課題にもふんだんにその要素をちりばめて授業を進めていきます。

ここで、一つ一つ段階をおって、その様子を見ていきましょう。

地図を書こう!

最初の課題はフィールド・トリップです。クラス全員で教室を飛び出し、ピクニックに行くのです。目的地は学内の24時間開いている図書館、ラモントの地下2階です。誰も知らないような奥まった場所に、「ハーバード・マップ・コレクション」なるものが存在します。そこに行って地図を見ることと、そのレプリカの地図を描いて提出することが課題です。

マップ・コレクションは文字通り、地図を集めた場所です。特にボストンの古地図をたくさんもっており、ハーバード大学に存在するその他の地理史料も全てそこに集結しています。もちろん、地図の専門家も常駐していて、管理が行き届いた地理教材専門のスペースになっています。

通常は、見たい地図の番号をネットで調べてからリクエストし、倉庫からもってきてもらってその場で閲覧するという仕組みになっています。閲覧場所はそれほど広くなく、こぢんまりとした雰囲気です。現在、地図を図書館に見に行かなければいけない状況はそんなにないでしょうから、ラモントという学生行きつけの図書館の中にありながら、誰も知らない秘密の場所といった趣です。

マップ・コレクションに日本に関連する地図があるかリサーチしに行ったところ、日本全体を描いた地図のレプリカが数枚あることが分かりました。そこで、日本地図の中でも古い順から3つ、1700年代の日本全図のレプリカを「KYOTO」のクラス用に複製してもらいました。

その他に、かつて「洛中洛外図」と呼ばれていた京都の大きな市内地図も見つけました。いくつかのバージョンがありましたが、1860年に作られたカラフルな洛中洛外図のレプリカをセレクト。一辺が1メートル以上もある、とても大きな地図なので迫力満点です。

この大きな地図も事前に頼んでデジタル化してもらい、原本はテーブルに広げておいてもらうようお願いしました。結局、日本全図3枚と京都市内地図1枚を展示しました。この4枚だけでもマップ・コレクションの小さな閲覧区域はいっぱいになってしまうので、フィールド・トリップの日は閲覧場所を貸し切りにしてもらい、履修者136人を小さなグループにわけ、ローテーションでその4つの地図を見に行くように準備をしました。

90分の間に、1人の学生がマップ・コレクションにいられる時間は正味15分。そこで、マップ・コレクションで地図を見る以外の時間は、外で現代版京都のレプリカ地図の作製に励みます。

まず、1メートル以上ある、大きな洛中洛外図と同じぐらいのサイズの紙を用意します。これは、助手さんたちと文具屋で大量の大判紙を買いこんで、あらかじめ運んでおきます。そして、京都駅で無料でもらえる英語版の地図「KYOTO WALK」をコピーして配ります。つまり、手元の現代版地図を見ながら、大きな洛中洛外図の現代版を完成させなさいというミッションなのです。

私は最初に、京都の輪郭になるもの、つまり京都を囲む山々や鴨川など、地形から描いてごらん、とだけ指示します。京都の街の中には京都御所、お寺、神社、そして花街や嵐山の竹やぶなどがあります。観光する立場で目につくものを自由に書き入れていいとしているので、各自、オリジナルの地図を作成していきます。もちろん外でピクニックしながらのアクティビティですから、初めて会ったクラスメートとも話をしながらの楽しい課題になります。そうやって、「このクラスは楽しいから頑張って優をとろう！」と全ての学生に思ってもらうのが狙いです。

嵐山のモンキーパークが人気スポット

実際の地図の出来映えはどうでしょうか。できれば読者の皆さんも京都の地図を書いてみてください。どんな地図を参照していただいても結構です。とりあえず、お手元にある一番大きな紙に、ご自分の思う通りに地図を書いてみて下さい。

京都にお出かけになったことがある方は、初めに京都駅を起点として、京都で訪ねられたことのある場所を書き入れられたことでしょう。京都にお住まいの方は、ご自宅や学校、職場を書き入れられたと思います。このように、地図というのは、その場所が自分とどう関係するのかをあらわす媒体です。

「KYOTO」受講者の136人の中で、日本からの留学生はゼロ。ハーフやクォーターを含め日系の学生が3人。京都に実際に行ったことがある学生は6人。では、実際にどのような地図ができるのかというと、観光の目的地リストが大きな図になったものと考えてもらえるとよいと思います。ハーバード大学の学生はたいてい、真ん中に位置する京都御所に目を付け、他に目立つ建物、たとえば金閣寺や銀閣寺を地図に書き入れます。その他、嵐山のモンキーパークいわたやまも人気スポットです。

面白いのは、建物と建物がどれくらいの距離にあるのかを考えながら描くので、インターネットや紙の地図だと平面に見える地図が、ぐんぐん立体化していくことです。その場所への好奇心が地図をゆがめていくのです。例えば、気になる建物が近代美術館だったとしましょう。もちろん、その美術館はマップ・コレクションで見る古地図には存在しません。そこで、古い地図にはどんな建物が近代美術館の場所にあるのか、気になり始めます。

また現在、ハーバード大学の学生たちが京都に行くとしたら、京都駅から旅が始まるので、学生たちの感覚では京都駅が起点であり、地図の中心の場所になります。マップ・コレクションの古地図にはもちろん京都駅はありませんが、それに代わる２つの中心地があることに気づきます。京都御所と二条城です。御所は地図の真ん中ですから特に目立ちますし、江戸時代に書かれた古地図ですから徳川家のお城、二条城も重要で、大きく描かれていることにはすぐに納得がいきます。

また、現在はデパートやレストランが中心街にありますが、古地図で目立つ建物といえば、やはりお寺ということになります。相国寺と大徳寺に加えて、建仁寺や東本願寺と西本願寺は、土地自体が大きく描かれており、お寺の存在は一目瞭然なのです。

自分たちで実際に地図を書いてみると、学生たちは現代地図には存在しない建物の重要性に気がつくようになります。そして、将軍や禅僧の姿を想像したりします。日本史や京都に全く縁がなかった学生たちも、「KYOTO」にだんだん惹かれていくのです。

晴れた日に、隠れ家的なマップ・コレクションへのフィールド・トリップをすることで、現在と過去をつなぐことを学び、本題の歴史の話へ入っていきます。

時代を100年に絞る

京都の歴史の授業とは言っても、平安京の作られたころから話を始めたら何時間あっても足りません。そこで、この「KYOTO」のクラスでは、1542年から1642年の100年間に限定するという方法をとります。つまり、トピックを戦国時代から江戸初期にしぼった歴史のクラスにしています。どの時代を扱ってもよかったのですが、1542年からの100年間は、京都が劇的な変貌を遂げる時期なので面白いのです。つまり、前半は織田信長、豊臣秀吉、徳川家康の3人がいずれも健在で、それから信長が去り、秀吉が去って、日本全土が統一されていくという、日本史の節目にあたる時期だからです。

最初から順を追って見ていきましょう。1542年というのは、種子島にポルトガルからの船が漂着する前年にあたります。したがって、ヨーロッパ人との交流が始まる前夜です。その頃の日本の外国との接触といえば、主に朝鮮や中国でした。沖縄も北海道もまだ日本の一部ではありません。海賊も東シナ海や瀬戸内海で活発に出入りしています。とにかく縦横無尽な人々の行き来がありました。

1543年以後、宣教師や商人たちが到着し、九州に住み着いて活躍する時代がやってきます。彼らはその後、京都まで上ってくるのですが、京都や大坂に足場を固めるのは数十年後のことになります。日本は今でこそ全国一律にテレビ放映が楽しめて、青森から鹿児島まで新幹線が通る国ですが、16世紀は守護大名がそれぞれの勢力の及ぶ範囲で土地を治めており、独立国家がたくさんあるような状況でした。同じ日本でも、九州と京都では様子がずいぶん違ったのです。

授業では、ヨーロッパ人の到来の後、じわじわとキリスト教の布教が進んだ九州の様子と、古都の様相をとどめる京都を２つの別世界のように対比させながら教えます。学生たちは、当時の京都の街並みや文化はすんなりと受け入れられても、九州でサムライがクリスチャンになったり、鉄砲を使いだすとなると、そんな状況が日本にあったこと自体が想像も及ばぬことなので、だんだんと食らい付いてきます。そして、国と国の戦いが絶えず起こり、サムライが「下剋上」という苛酷な現実を生きることも知り、ショックを受けることになります。

１５７０年代になっても、京都の足利幕府や天皇は、地方政治に直接的に介入してくるほどの権威を持てずにいます。その中で、尾張の守護大名だった織田信長がじりじりと京都にのぼり、天下布武をかかげ、京都を拠点に全国の統一を試みようとします。日本にとっての首都、京都の重要性が明らかになってくる瞬間です。

しかし学生たちは、習ったばかりの下剋上の文化に信長自身も呑まれ、本能寺の変によって京都で命を落とすことを知ります。そして、後をついだ秀吉が、京都の街を編成し直す「京都大改造」を行う様子を勉強します。秀吉は手始めに、自らの住まいとして豪勢な聚楽第を禁裏（京都御所）の近くにつくり、さらに東山のエリアに、刀狩りと称して人々から取り上げた刀の鉄を溶かして大仏の建立を試みるなど、京都の街の中心を大きくシフトさせます。また、キリスト教を庇護した信長のもとに建てられたキリスト教の教会堂「南蛮寺」も、秀吉による伴天連追放令によって取り壊しの憂き目を見ます。

意味合いを変えていく京都

京都は、街自身の変化にとどまらず、時勢の変化の影響を受けて、刻々とその意味合いを変えていきます。例えば、1585年を過ぎて、秀吉の統一がしっかりと現実のものとなった頃、秀吉は日本から軍を中国（当時の明朝）に送り込む「唐入り」を企てます。まずは足がかりに朝鮮半島へ侵略したため、一般に「朝鮮出兵」と呼ばれるものです。日本を統一して間もなく外国侵略まで企てたのですから、当然その余波は都である京都にもふりかかってきます。その当時、秀吉が禅僧の力を借りながら外交折衝をしていたことを裏付ける文書や、中国や韓国と交換した書簡などの中に、当時の都である京都の役割がうかがえます。授業では、これらの一次史料の英語訳を読んでいきます。

この遠征でいったんは京都を出た秀吉も、大陸の武力制覇はもちろんかなわず、外交交渉もうまくいかず、最終的には京都に撤退し、伏見に構えた城で没します。後をついだ家康もまた、京都の二条城を居城として作り直し、禁裏と禅寺と交流しながら、みずからの本拠地を江戸に移すまでの数年、京都で基盤作りを行います。このように、京都はたった数十年の間に、信長、秀吉、家康の時代をまたいで大きな変貌を遂げるのです。

１６０３年以降、家康が江戸に拠点を移すと、日本史の流れも江戸が中心になりますが、このクラスは京都の様子を見張り続けます。何が起こるのか。例えば、遷都の後も家康は、朝鮮との関係回復の交渉をする最初の場所に京都を選びます。また外国からの書物が次々と京都で出版され始め、文化都市としての京都の役割がどんどん大きくなっていくことも見逃せません。

つまり、１５４２年から１６４２年の京都は、全国統一に向けた重要な交渉場所を提供し、覇者の趣向や動向により大きな変革を強いられ、遷都後は古都として新しい地位を確立するというめまぐるしい転機を見た場所なのです。16世紀の都市では他の国にも例を見ないような劇的な変遷を遂げる舞台であり、格好の歴史の題材なのです。

このような流れの100年をカバーするので、学期の初めには信長、秀吉、家康の3人の覇者のことを紹介しながら、京都がどのような影響を受け、今に近いかたちになっていくかという話をしていくことになります。日本や日本史の知識がまったくない学生たちにも、ドラマチックなテンポで起こる変化を辿るのは面白いらしく、この最初の数週間でだんだんと京都の歴史に魅力を感じてくるようになります。

グループでプレゼン

学生に日本史への意気込みが見え始めた頃、次なる課題としてグループでのプレゼンテーションに取り組ませます。プレゼン自体はどの学科でも課されることが多く、学生にとって別段難しいことではありません。大学教育の中では、論文を書くこと、プレゼン、試験の3つが、勉強の成果を測る手段であることは間違いありません。

しかし、「KYOTO」のクラスが他と違うのは、単独ではなく他の学生とチームを組んでプレゼンをさせることです。授業で「次はグループ・プレゼンです」と発表すると、パニックが起こります。学生はたいてい、プレゼンとは自分で組み立て、自分がしゃべりまくり、自分がどれだけアタマが良いかを誇示する場であると考えているからです。

私は、「10分間という制限時間を守ること以外は、自由にやっていいよ」と、プレゼンで創造性を出すことを促します。しかし、一つだけリクエストをします。グループ・プレゼンは、「１人では無理な方法、つまりグループでしかできない方法をとるように」と。具体的に何をすれば良いかは教えません。しかし、グループが４人だとして、その４人がバトンタッチをするように次々とプレゼン・リレーをするのでは、個人のプレゼンとなんら変わりはありません。そこで10分間、常にメンバー４人が何かしらの役割をもつよう工夫しなさい、と言うのです。

さて、ここで一緒に考えてみて下さい。まず信頼できる４人を集めましょう。その４人はどのようにして選びましたか？　気の合う仲間？　賢いと思う順番に４人？　それとも思いついた順に４人でしょうか。

ともあれ、そうして４人が決まったら、次はどのような構成にするかをみんなで考えます。能力や長所はさまざまでしょうが、せっかく４人が集まったのだから、その４人ができうる最高のパフォーマンスを見せたいところです。４人が同時に役割をもつようにするには、どんなアイデアがありうるでしょうか？

ハーバード大学の学生にとっても、これは新鮮なミッションになります。個人ではできないことを4人でしよう！　すると彼らはとにかく面白いアイデアを考えつきます。

一番多いタイプの発表形式は、ドラマやテレビ番組のパロディです。『クイズ$ミリオネア』のような仕組みで、1人が司会、1人が回答者、1人がスライドと音声効果をあやつり、最後の1人が電話で答える友人役と会場にいる観客の学生に拍手を促す役割を掛け持ちします。日本史のクイズショーに『ミリオネア』の緊迫感や臨場感が加わり、おもしろいプレゼンに仕上がるのです。

他にもギターを持ってきて歌ったり、発表内容をラップにしてきたりと、音楽の才能を存分にアピールするようなグループや、教室の四隅に屋台を設けて、学生に自由に歩いてもらう、いわば学園祭の屋台スタイルを体験させたグループもいます。なんでもありなだけに、アイデアはつきません。毎学期ごとに受講する学生が違うので才能も異なり、新しいタイプのプレゼンが見られるところがこの課題の醍醐味です。

こうして学生たちは、勉強という観念から解放され、楽しく学ぶことの味を知ります。同時に、友達と力を合わせれば1人よりももっとすごいことができることを体験し、いい意味でショックを受けます。歴史の専門家になるわけではない学生たちにとって、このクラスで学ぶべき重要なことは、歴史の知識だけではなく、友達と力を合わせることの重要性なのです。

ヨーロッパ人が見た京都

このグループ・プレゼンで扱う課題は、16世紀に日本に来た宣教師がヨーロッパに送っていた書簡です。つまり、ヨーロッパから日本に来たばかりの彼らが見たこと感じたことを書いた当時の書物の英訳版を読んで、その内容をプレゼンにするのです。

この歴史史料は、あらかじめ次の5つのカテゴリーにわけておきます。

1. 京都の街について。
2. 3人の覇者について。
3. 天皇や貴族の文化について。
4. 食べ物、飲み物、日常のマナーについて。
5. 仏教や神道などの宗教について。

16世紀にヨーロッパ育ちの人間が見た日本。この史料はハーバード大学の学生たちの共感を呼びます。書簡を記したヨーロッパ人たちは、初めて日本を訪れ、日本文化を体験したわけですから、初めての日本史学習に踏み出した学生が彼らの書簡を読むと「自分と同じような気持ちだったのだろう」と思うからです。そうやって深く共感しながら史料を読んでいき、歴史の中の人物や史料を書いた人物、そして舞台となった京都に興味をもつようになるのです。

この書物を読むにあたっては、「一次史料から新しく見えてくるもの」に注目するよう指示します。初めて日本を見た宣教師に重なりあう経験をしている最中ですから、書物を読んで浮かんできたイメージを大事にするように、イメージをできるだけ壊さないように指導します。そして、そのイメージをそのままグループ・プレゼンで表現してもらい、彼らなりの日本史を語ってもらうのです。

ヨーロッパからの訪問者は、京都の様子をさまざまな角度から眺めて手紙を書いています。京都の街にはどんな人がいて、どんなものがあるのか。京都のそれまでの歴史。日本で出会った重要人物たち。食べ物やエチケットについてはやけに詳しいですし、3

人の覇者については、信長の台頭から突然の暗殺劇まで書いている史料もあります。もちろん暗殺そのものを見られるわけがないですから、当時の噂話をもとに、尾ひれ付きで語ります。

彼らは、京都入りした秀吉がもたらした変化にも敏感でした。キリスト教の弾圧が始まってからは、とくに彼の一挙一動に目をこらすようになります。また、布教活動をする宣教師にとって、日本に根付いていた宗教への観察は重要です。どこで、だれが、どんな儀式をしたのか？　日本人にとっての神とは何か？　誰と接触して、どんな話をしたのか？　日記のように細かい記述もあれば、作り話で補っただろうところもあり、人間味溢れるヨーロッパ人の日本レポートを、学生はその内容を分析しながら読んでいきます。

結局、読んだ史料の中で特記すべき問題点に焦点をあてたプレゼンの内容にするグループもいれば、史料の中味を忠実に表現するグループもいます。また史料の中の話の演劇バージョンをつくったりするグループもあります。そうやって、16世紀のヨーロッパ人の体験が、21世紀のハーバード大学の学生の体験に変わっていくのです。

中間試験の課題は「タイムトラベル」

グループのプレゼンで盛り上がった後は、間髪を容《い》れずに中間試験をします。試験といっても、○×やマークシートではありません。3日という条件をつけて、ごく短いエッセイを書いてもらいます。知っていることをコンパクトにまとめることが狙いです。それまでの授業で、京都の100年間の歴史を勉強してきているので、中間試験の問題は、

100年の中のある一定期間を選んで「タイムトラベル」した経験を書きなさい。

というシンプルなものです。

そして、授業のなかで説明した「5つのグループ」のいずれか一つに会ってくることがミッションになります。その5つのグループとは、天皇と貴族、ヨーロッパ人、3人の覇者、京都の庶民、宗教関係者（禅僧または神主）になります。あなたは何年の京都に行き、誰に会いたいでしょうか。

この問題、実はちょっとしたトリックがあります。たとえば、もし覇者の3人に会い

たくても、１６００年にトリップしたら信長と秀吉には会えません。そこで、３人の覇者に会いに行くことにした学生は、必然的に信長が没する以前の１５８２年までの京都に行かなければならなくなります。そのように、タイムラインが混乱しないよう、しっかり歴史事実と向かい合った上でエッセイにとりかからなくてはなりません。タイムラインを間違ってしまうと、中間試験の結果は散々なものになります。シンプルなようで、かなりトリッキーな問題なのです。

はて、もし自分がその時代に迷いこんでしまったら……。

最長で２ページという字数制限があるので、学生はいままでに課された読み物や宿題をばっちり復習し、一番おもしろいと思った年代に絞り込んでこのエッセイを書きます。自分のなかの知識や印象を振り返って、簡潔に、一番面白い「スベラない話」を作り上げます。

この課題の面白さは他にもあります。「タイムトラベル」というコンセプトです。タイムトラベルは、マイケル・Ｊ・フォックス主演の映画『バック・トゥ・ザ・フューチャー』のように、スーパーカーなどのマシーンを使って、時空を超えて昔や未来に行くというのが普通の考え方です。日本でも、ほぼ同じように捉えられているかと思います。

しかし私は、中間試験の課題を出す時にはまじめに、「タイムトラベルは可能だよ」と説得します。ハーバード大学の先生がまじめな顔でそういうので、最初は戸惑い気味だった学生たちも、だんだん「それなら、そのスタンスでいこう」と思い始めます。歴史の醍醐味は「タイムトラベル」なのです。

「KYOTO」のクラスは日本史専門家育成の場所ではありません。歴史を勉強するには、いろいろなアプローチがありますが、専門家以外が歴史を楽しむならば、頭の中で昔の時代の人や出来事を追体験するのが最良の方法だと思います。実際に、自分の体こそトランスポーテーションしませんが、400年もさかのぼった京都という場所を頭の中にイメージし、その時代に生きた疑似体験をする。これがタイムトラベルでなかったら何でしょうか？

学生は、この企画をとても新鮮に感じるようです。3日でタイムトラベルして京都に行ってきたエッセイを書きあげる競争は、面白い結果になりました。とんでもなくユニークで、忘れられないショートエッセイを全員が書いてきて、集めると珠玉のタイムトラベル集になりました。

ポッドキャストで番組製作

中間試験が終わると、次の話題は外交に移ります。「KYOTO」のクラスの正式名称は、「KYOTO : The Diplomacy, 1542-1642」で、副題に「外交」が入っているのです。

授業では、この１００年間の外交に関連する史料の説明から入ります。少しご紹介しましたが、この時期の外交関連史料には、秀吉の朝鮮出兵の際に交換された書簡や、中国や朝鮮からやってきた使者の記録があります。まずは、それらの史料の英語版を全文読んでいきます。そして、どうして秀吉の外交手腕がまずかったのか、外交文書の行き違いがどのように武力行使につながったのか、その経緯を授業で事細かに説明します。

また、秀吉の時代に日本にいたイエズス会の宣教師アレッサンドロ・ヴァリニャーノが、九州でみずから編成して派遣した男児４人組のヨーロッパへの外交使節団の足取りをたどる旅もします。いわゆる「天正遣欧少年使節団」として知られる出来事です。しかし、この４人組、外交使節団というわりには日本の誰かが日本の代表として送った集団ではありません。ヴァリニャーノが自ら男の子４人を集め、日本からの使節団と称してヨーロッパに送ったのです。

このように、京都に片足をおいたまま、日本という地理的な枠をこえた外交関連トピックを紹介します。言い換えると、この時代の京都が世界のどこまで繋がるかを考えることになります。秀吉の外交関連史料とヴァリニャーノの日本外交使節団。この2つのトピックの授業をおさらいするために、学生は、次なる課題として、ポッドキャストの番組をつくることになります。ポッドキャストとは簡単にいえば、インターネットを利用して動画や音声を配信するシステムのことです。動画は次の課題となりますので、学生に課される宿題は、2分間の自分のラジオ番組をつくることになります。

ご存知のとおり、ラジオのパーソナリティは聴覚だけを頼りにリスナーにメッセージを送ります。このクラスでも、同様に聴覚だけに頼って、授業であつかった2つのトピックを紹介する番組を作り上げる作業をさせます。趣味のピアノについてお話しした時のように、聴覚に頼った学習方法を組み入れようとして考えたアクティブ・ラーニングの例になります。ここでは本人の声で番組を進めることが必須条件なので、受講生全員が各自、ラジオのパーソナリティにならなくてはならない状況に陥ります。もちろん、99％の学生にとって、番組づくりなど未知の世界です。彼らの1週間にわたる新しい挑戦が繰り広げられます。

まずは習ったことの復習です。授業と読み物から、秀吉の外交の話にするのか、ヴァリニャーノの外交使節団の話題にするのかを決めます。そして、ナレーションの下書きを始めなくてはなりません。大学の宿題に出るエッセイのような固い言葉遣いでも、メールのようなカジュアルな書きぶりでもなく、ラジオ用の原稿をこしらえなくてはなりません。原稿が出来たら、どのパソコンにもある録音機能を使って録音開始です。自分の声に耐えられず、相当時間、録音のやり直しに費やす学生も少なくありません。

ラジオ番組に欠かせないのが効果音です。ナレーションだけでなく、イントロやナレーションのバックグラウンドになるサウンドトラックも探します。たまに友人をゲスト出演させたり、自分の声のピッチを変えて何重にも声色を変えてくる学生もいます。とにかく、音だけに頼って面白いラジオ番組をつくらなくてはなりません。

しかも、この課題は作った番組をウェブ上にアップして提出させるという方法をとります。つまり、クラスのみんながそれぞれのラジオ番組を自由に視聴できてしまうのです。これまた学生に大きなプレッシャーがかかる課題です。友達よりかっこわるいＤＪになりたくないのはみな一緒ですから、血眼になって頑張ってしまいます。このような方法で歴史を勉強すると、秀吉の外交にしてもヴァリニャーノが送った日本使節団にしても、遠い昔に遠い国でおきた出来事が他人事ではなくなります。

普段、自分が話す声をまざまざと聞く機会はあまりありません。どんな話し方をすると感じがよいのか。どんなふうにポイントをまとめるとわかりやすく、面白くなるのか。この課題では、歴史だけでなくいろいろなことを学んでいきます。とてもおもしろい結果が期待できる、学生もお気に入りの課題です。

ラジオの次は映画づくり

ポッドキャストの課題を終えた後、「KYOTO」のクラスは、将軍が江戸に去って古都としての役割を演じはじめる17世紀の京都に目を向けます。そして、クラスの課題もラジオづくりから、今度は映画づくりへとさらに難度を高めていきます。

授業のトピックの概要からお話ししましょう。ここでもメインになるのは「外交」です。江戸時代の初め、天下統一が終わったとはいっても、地方大名は依然として強い権力を持っていました。そのため、徳川幕府は大名たちに、地元から江戸に定期的に挨拶にくるような仕組みをつくります。これが参勤交代という制度の原点です。国という仕切りが依然としてあるがゆえに、この参勤交代の旅の途中に、日本国内にいながらにして国と国の外交合戦が繰り広げられるのです。

参勤交代では、大名たちは行列を組んで江戸に向かって旅をします。東海道の開通により京都と江戸は陸路でつながれ、京都以西の大名は、京都を通って江戸へ旅をします。参勤交代は他国に例をみないシステムですし、サムライといえば刀で相手を叩き切ってしまうイメージが強いですから、真面目に行進している姿を伝える史料を紹介すると、学生たちはびっくりします。

授業では、東海道という「ハイウェイ」上で発生した外交合戦のエピソードを扱います。大名と大名の行列が鉢合わせしてしまったらどうするのか。どのように道を譲り合うのか。しかも、それが大名と大名ではなく、外国人であった場合はどうなるのか。時代はこのクラスで扱う時期からずれますが、１８６２年の生麦事件もおまけで紹介します。そのような外交に関連する問題を中心に、参勤交代に関する史料を次々と読んでいき、外交辞令を勉強していきます。

そして、授業が一段落すると、待ちに待った映画づくりです。映画づくりの基本ソフトがどんなパソコンにもついている現在、ラップトップさえあれば、学生は自分の映画を自分の部屋でつくれる環境にあります。マックならiMovie、ウィンドウズの場合はムービーメーカー。どちらにしても、学生が自分のパソコンに入っているソフトウェアを使って映画をつくってもらうのです。

そこで、授業でカバーした大名行列の話の中から、2つを選んでその詳細にフォーカスを当てた映画をつくるように指示します。課題のタイトルは、「2つの行列に出会った時」。2つの行列それぞれの歴史的意味合いの違い、とくに外交事例に関する点をまとめるよう指示を出します。そして、参勤交代や東海道のおかげで、徳川時代になっても京都の文化が失われず、むしろ広い範囲で根付いていくようになった様子も忘れないように、というちょっとした注文も付け加えます。

映画をつくるとなると、ラジオ番組をつくる時に重要だった聴覚に加え、視覚に訴えかける映像もつくらなければなりません。プレゼンのスライドなら、プレゼンをする本人が主体でスライドは付属品でしかありませんが、この映画の課題では自分という存在に頼ることは許されません。自分の代わりに、自分の声のナレーションや聴覚にやさしい音楽、そして視覚に刺激をあたえるようなスライドをあやつって、歴史事実を映画につくりあげるのです。

アメリカには「ヒストリーチャンネル」という歴史ドキュメンタリーに特化した専門

チャンネルがあり、テレビでそれを見て育ってきた学生も多いので、大半の学生はその模倣をつくってきます。具体的なステップを言うと、３分間の映画をつくるために構成を考え、ナレーションを書き、スライドを30枚用意し、そのスライドを次々に繰り出し、画像にあわせて自分の声でナレーションを加えるという作業になります。知っているテレビ番組をお手本に、自分の歴史番組をつくり上げていくのです。

この映画の課題もポッドキャスト同様、完成作品をウェブ上にアップして提出するという形を取るので、クラスメートみんなから見られてしまいます。これまた失敗は許されません。ですから、たとえ同じ史料を読んで同じコンセプトで映画をつくっても、そこに競争心が働いて、どの学生もできるだけオリジナリティーのある作品に仕上げようと必死になります。

このように、「KYOTO」のクラスでは、習った出来事の歴史的意味を自分で掘り出していきます。私は出来事を説明する役割に過ぎず、私の解釈は踏み台にすぎません。アメリカの学生にとっての日本史はそれでいい、むしろそれがいいと思っています。国史ではない歴史ですし、学生たちが自分の言葉でその歴史を語ってくれることができれば最高ではないでしょうか。

実際、学生たちはこのクラスで、京都や他の国の古都を旅する機会に役立つ知識をたくわえて満足しているわけではありません。むしろ、日常で見たことや感じたこと、まったく新しいことを聞いた時に、それをこの日本史のクラスの時のように「自分の一部として表現できるようになること」の練習をしているようなものです。日本史は、特にアメリカの学生にとっては、知っていても知らなくてもたいした差にはなりません。しかし、その歴史のクラスで、最新のコンピュータ技術を使って、他の学生たちと新しい方法で競い合うことは、彼らの将来に役立つ経験になると思うのです。

映画＋タイムトラベルで４Ｄ「KYOTO」

「KYOTO」のクラスの最終課題は、映画づくりにとどまりません。映画とタイムトラベルのアイデアを足して、仮想現実の世界に自分がはいりこむ４Ｄ「KYOTO」にまで発展します。紙上のタイムトラベルは中間試験で体験済みですが、タイムトラベルを今度は映画にして、スクリーンに自分も登場してしまおうという企画です。つまり、「KYOTO」のクラスの最終段階では、歴史と自分が完全につながってしまうのです。

これまでクラスでは、京都の街を知り、京都の人と会い、外交を軸として世界と日本のつながりや日本国内での出来事を学んできました。このような内容を振り返って、どんなトピックでもいいので、おもしろいと思った点をピックアップし、自分が出演した6分間の映画をつくりなさい、という課題です。ラジオでは聴覚、映画では視覚を存分に使いましたが、それに続き今度は自分の全身を使うことが要求される、これまたプレッシャーのかかった映画づくりにとりかかります。

この映画づくりにはハーバード大学のメディアスタジオを使います。メディアスタジオは、マップ・コレクション同様、これまた隠れたところに位置する影が薄い存在ですが、実は、中に入ると壮大な設備があるのです。その施設のスタジオを、このクラスのために1週間借り切って、学生たちが次々と訪れてはスタッフに撮影をしてもらうという体制です。

「KYOTO」のクラスの学生が使うのは、緑のスクリーンの合成映像用スタジオです。テレビ局のスタジオさながらの、音響担当とカメラマンの2人による撮影。撮影の日までに映画のトピックを決め、脚本を作って、さらに脚本を覚えておかなくてはなりません。ほとんどの学生にとって、本格的な撮影は初めてですから、緊張した面持ちでやってきます。

スタジオに入ると、用意してきた脚本の内容をカメラマンに説明。そこから30分にわたり、20シーンほど録画します。この課題では自分が主演。ナレーションや構成だけでなく、自分が活躍しなくてはなりません。

演技した映像が出来上がると、それを各自パソコンに取り込みます。この時点で見えているのは、緑のスクリーンの前で演技をしている自分のみ。その緑の部分をあらかじめ用意しておいたバックグラウンドになる写真やスライドに置き換えることで、スタジオで撮った映像が、あたかも自分がどこか違う場所で撮ったかのような映像になるのです。そんなボタン一つの簡単な操作によって、学生が歴史のプレゼンターとして映像の中に入り込むことができるのです。広いスタジオとクオリティのよいカメラがあることで、それなりに見られる映画が出来上がります。

この課題でも私は、学生たちに「自由なスタイルで映画をつくってよい」と声をかけます。撮影にも付き添って、1週間スタジオにこもって応援します。そうやって、オリジナリティーを促すことで、ヒストリーチャンネルを超える映画づくりを目指すのです。

結果はどうだったでしょうか？　おもしろかった企画をいくつか紹介しましょう。一つめは、クロコダイル・ハンターという一昔前に有名だったワニを捕まえに行くテレビ番組をパロディ化した「神道ハンター」。クロコダイル・ハンターはもともと子供向けの冒険番組で、ハンターはワニを見つけると、ワニにできるだけ近づき、ワニの生態や居住地域について話をする教育番組でした。学生たちが小さい頃見ていたのでしょう。ハンターは、ある意味彼らのヒーローだったのです。その番組の大枠を使いながら、ワニのかわりに神道を見つける大冒険をするという映画を作った学生がいたのです。もちろん、他の学生は彼のアイデアの面白さと演技力に圧倒され、大爆笑でした。

また、ビデオゲーム好きの男子学生２人組は、実際にビデオゲームの中に入り込んだような設定の作品をつくりました。ハリー・ポッターのように、魔法をかけて京都に出かけてみた作品もとても好評でした。『バック・トゥ・ザ・フューチャー』のパロディもありました。近くの化学実験室から白衣を借りてきて「ドク」を演じるという本格派でした。さらに、歌手並みの歌唱力で有名な学生は、日本語はまったくわからないのにユーチューブを見て歌舞伎の文言を聞き取り、日本語で歌いながら歌舞伎を舞うという恐るべき能力を発揮したりもしました。

４Ｄ「KYOTO」は、現実のプレゼンではありえないバーチャルな世界と歴史を合体させた、あっけにとられる作品の連続でした。

不思議なつながり

歴史はこのように、現代の学生の生活を楽しくさせる道具にもなりうるのです。アクティブ・ラーニングがなせるわざで、それが「KYOTO」のクラスの醍醐味です。

学期の初めは観光客のように地図を眺めていた学生たちが、歴史事実を貪欲《どんよく》に学び、自分なりの解釈を持ち、そして自分の言葉で日本史を説明するところにまで達していきます。「KYOTO」のクラスは、もともと100年分の歴史しか扱いません。しかし、このように深く掘り下げることで、一つの時代をしっかりと学べるようになっています。通史も最初から学ぼうとすると途中で挫折してしまいますが、ある1ページだけに絞ると学習がずいぶん楽に感じられますよね。それと同じです。

最終課題の4D映画は本当によい知的財産になるようで、「KYOTO」のクラスを受講していない友人やハウスの友達、あるいは遠くはなれた家族にも、フェイスブックやインターネットを使って見せているようです。この作品をユーチューブに初投稿し、〝ユーチューブ・デビュー〟をした学生もいました。学生は歴史の新しい可能性とその楽しみ方を覚えて、このクラスを卒業していきます。

私が「ザ・サムライ」のクラスを受講したのは、インターネットが普及したばかりの頃でした。当時、ハーバード大学の学生たちは、日本を遠い国のように考えているようでした。ハーバード大学の学生にとってサムライは、異国情緒たっぷりの「他人」でした、日本史は完全に「他人事」でした。

しかし、この「KYOTO」のクラスの中で、実際に古い地図を観察し、グループで京都を語り、紙上タイムトラベルで京都に行き、ラジオで京都について発信し、映画で京都を見せ、しまいには歴史のなかの京都に自分が入ってしまうという経験をすることで、外国の人物や出来事が限りなく自分に近しいものとなっていきます。学生は京都と、一生、不思議なつながりを持ちつづけることになります。

現在、インターネットで日本の様子をリアルタイムで見たり、ちょっとした海外旅行先として日本を選ぶことは容易になりました。そんな時代に、自分で読めば分かる教科書をわざわざ読み上げて外国の歴史を教えることは、本当に時代遅れだと思います。大学生が自分で歴史を体感しながら学ぶ「KYOTO」クラスのようなやり方は、一つの立派な歴史叙述の方法ではないでしょうか。

「KYOTO」クラスの最後の授業では、着物でレクチャーしました。最初の30分はまとめの講義。その後は学生たちの４Ｄ映画を鑑賞です。東アジア学部が入るイェンチンの大きなレクチャーホール、イェンチン・オーディトリアムは、いい表情をした１３６人の学生で埋め尽くされ、笑いに包まれながらクラスが終わりました。私の最後のスピーチはごく簡単に、みんなへの感謝の言葉。そして、さようならを言っても、誰もすぐには帰ろうとせず、スタンディング・オベーションが20秒も続く最高の幕切れとなりました。

日本史の外交官的役割

この「KYOTO」のクラスは、実際の外交にも貢献しうる歴史クラスのモデルにもなりうるものだと考えています。歴史の授業が外交と関係あるのか？　と思われる方も多いでしょうから、ご説明しましょう。

歴史はそもそも、日本の歴史教科書問題が典型的なように、外交問題に発展しうる政治的にセンシティブなテーマを含んでいます。それなのに、実際に外交に貢献しうるような歴史学の試みはほとんどありません。そこで、外交に対してなにかポジティブな貢献につながるような歴史のクラスを作れないかという思いもあって、京都と外交史を組み合わせて新しいコースを作ったのです。

もともと京都をクラスの題材に選んだ時は、京都の歴史と現実の外交の接点は、ボストンと京都が姉妹都市であるくらいの単純なことしか思い浮かびませんでしたが、教えていくうちに、京都が関わった外交の歴史をここハーバード大学で語ることの可能性に気付いてきたのです。

東京の歴史を教える場合と比べてみましょう。東京は現在、日本の首都として、日々外交の舞台となっている都市です。とても魅力的な大都会でもあります。しかし、残念ながら戦争責任をめぐる隣国との係争はいまだに続いており、東京は日本の首都として、その国際的な責任に向き合い続ける必要があります。つまり、その歴史を完結したものとして語れる状況にないのです。

一方、京都が舞台なら、一応は完結した歴史を語ることができます。しかも、東京よりも遥かに長い歴史を持ち、独自性に溢れた文化を揺籃《ようらん》してきた京都を語れば、日本の良いところをポジティブに伝えていくことにもつながっていきます。

もちろん、良い面だけを選りすぐって教えることはできません。歴史は「嘘のない出来事のつながり」であり、悪い面を隠すことはできません。したがって、「KYOTO」

のクラスでも、豊臣秀吉が他国に失礼な手紙を書いたこと、武力で朝鮮に侵略し残虐な行為におよんだこと、徳川幕府がキリスト教を弾圧したことなども含めて全ての話をします。そのように、良い面も反省すべき面も含めて、日本人の私がハーバード大学で包みかくさず日本の歴史を話すことは、より良い国際理解をもとめていく姿勢として学生に捉えてもらえるものと信じています。

海外の大学で教えられる日本史は、それ自身がいわば「外交官」的役割を持っています。とりわけ、長い歴史がある京都には、日本のイメージをよりポジティブにできる要素がたくさんあります。日本の歴史の一部分を学生が気に入ってくれること、または自らの一部のように思ってもらえるように教えることは、きっと将来、何かの役に立つことでしょう。このように、国家としての外交政策とは違った学校からのソフトな取り組みが、現実の外交にも何かしらの効果を果たしうるのではないかと考えています。

第五章

3年目の春

履修者は251人にまで増えた

歴史は時代にあわせて書き換えられる

２０１２年、ハーバード大学で先生を始めて、３年目の春学期を迎えました。最初の章で振り返ったように、この仕事につくことは、長年の夢でもなんでもありませんでした。カナダでもプリンストンでもハーバードでも、いつでも自己新記録の更新を目指すことだけがモットーで、あとは心の赴くまま。毎日を楽しく過ごしてきたら、いつのまにかここまで来てしまったという感じです。

しかし、これまでの道のりをたどってみると、衝動的な単科留学だったとはいえ、学生だったあの夏の決断と友人との出会いが、壮大なスケールの冒険につながりました。最高のものがあるところまで行ってみたい。全ては、若さゆえの果てしなくアンビシャスな行動力から始まりました。

日本史を教えること。それは奥が深く、まだまだ言い切れない点、気づいていない点、私自身が学ぶべき点がたくさんあります。しかし、３年目の春学期を前にこの本を書いていて、さまざまな発見がありました。書きながら分かったこともたくさんありました。私の体験談とクラスのお話を日本の読者とシェアすることで、また新しい可能性が生まれるはずという自信にもつながりました。

歴史は、時代にあわせて書き換えられます。「ザ・サムライ」から「Lady Samurai」へ。何度も繰り返しますが、日本の独自性、そのなかでも特にサムライを前面に押し出す歴史叙述は、世界基準からして相当な時代遅れになっています。だからこそ今、新しい日本史を組み立てることが必要になっているのです。その使命の一端を担っているのが「Lady Samurai」のクラスなのです。

着任からわずか3年で、ハーバード大学で日本史を学びたいという人の数はぐんと増えました。私が提案する「Lady Samurai」という新しい日本史の語り方も、「KYOTO」という古都の勉強法も、どちらもサムライの魅力が届かないエリアにあって、かつ日本人以外の人に日本の良い面に新しく気づいてもらえる素敵なトピックです。ハーバード大学の学生たちがつくっているラジオ番組も、映画も、４Ｄの映画も、どれも新しい日本史です。コミュニケーション手段の変化に、歴史学もついていけるように進化をとげ、歴史の授業も変わっていかなくてはなりません。こうした手法がもっと急速に発展していくべきだとも思います。

出張講義の内容をもう一度思い出して下さい。

「Lady Samurai」のような、大きな物語。

「KYOTO」のような、大きなプロジェクト。

このようなスタイルで歴史を教えるのは、私個人の嗜好《しこう》だけが理由ではありません。海外で教える日本史は、少々荒削りでも、良い影響力と強い魅力を発するものでなければならないと考えているからです。これまでの教科書に沿った日本史のクラスのように、サムライだらけの歴史を教えているだけでは魅力がなく、説得力にも欠けることは、もう十分にお気づきかと思います。

印象派歴史学

そして、少しだけ学術的意味を書き記すとすれば、それは私が「印象派歴史学」として自分の歴史研究を位置づける活動をしていることが挙げられます。その内容をごく簡単に紹介させてください。

研究分野によらず、研究者は「鳥」と「カエル」の2つのタイプにわかれるといわれます。つまり、同じ分野の専門家の中には、鳥のように高い視点から物事を描き出すタイプと、一つの話題を深く掘り下げて新しい発見に辿り着くカエルのタイプがいるのです。どちらのタイプの研究者も学会には必要不可欠ですが、私は全体像を好む鳥のタイプだと思います。私の研究者としての特徴は、鳥のように高い視点から広い視野で、印象派のクロード・モネが全体のインプレッションに訴えかける絵を描いていくように、歴史を語る試みに取り組んでいることです。

ご存知のかたは、モネの絵を一つ、例えば睡蓮をイメージしてみてください。彼の絵は主題に輪郭や枠組みがなく、全体としてふわっとしていて色も混ざっています。しかし、全体のまとまりと色あいのユニークさで不思議と強い印象を残します。「Lady Samurai」や「KYOTO」のクラスも、ぼやっとした点はあったとしても、全体の印象は鮮烈ではなかったでしょうか？　私は、モネの絵のように、全体のインプレッションにこだわった「印象派の歴史叙述」を目指しているのです。

日本史とは何なのか。その全体像について問題提起していくことは、一つ一つの対象物の輪郭線を固めるより、はるかに喫緊《きっきん》の課題だと思います。テーマ別の研究は、どれも重要です。私には為《な》し得ない、すばらしい研究ばかりです。しかし、鳥のように日本史全体を見渡す作業は、功成り名遂げた歴史学者が25年後に取り組むのではなく、今こそ為されるべき急務だと主張したいのです。

したがって、私の学者としての活動は、この「印象派歴史学」という語りの方法を前面に打ち出し、日本史という枠にとどまらず、歴史学全体のなかでもユニークなアプローチを築くことです。このような全体図を大事にする手法は、日本史以外の場合でも応用が利くと思うからです。細かな既存の研究を真っ白なキャンバスに埋め込んで、モネのように印象深いインプレッションを醸し出すこと。その点に、私の学者としての興味は収束していきます。

「大きな物語」がない日本

このように学者とは、こだわりが多く、かつ狭い動きをするものです。学校の中で働いて、学会での議論に燃える。そして、悲しくも多くの場合、大学関係者以外の人の生活に直接のインパクトを与えません。私自身は、もっと広く、もっとたくさんの人に、歴史の楽しみ方や語り方を発信することはとても重要だと思っています。この本をまとめながら、私のような若い歴史家でも、もっと広く貢献できることや発信できるメッセージがあると思いました。

そのメッセージとは何でしょうか？　それは、「日本のイデオロギーを目に見える形で作ること」です。つまりこの本は、実際に読んでいただいた皆さんにアクティブに考えてもらうための、一つの「難題」を提示するところが終着点なのです。

イデオロギーというと固い話に聞こえますが、ここでは「日本とは何か、という質問に対してしっかりした答えを構築すること」と思ってください。自分の過去を振り返って、自分の歴史から自分のアイデンティティーを掘り出そうとする試みは、誰もが経験済みのことかと思います。あの時の出来事は自分にとってどんな意味があるのだろうか、と現在の状況に結びつけて自分の過去を分析することはありますよね。初めて会った人に過去の話を聞かれるのもまた、過去があなたのアイデンティティーの一部として捉えられているからです。

国史も同じなのです。「この国とは何か？」という国のアイデンティティーを形成するうえで、必然的に重要な要素になるのが、その国の歴史です。そのアイデンティティーをつくるために、日本の歴史を知ることが重要なのです。

残念ながら、第二次世界大戦後から長い間、日本には「大きな物語」がありません。一般化された歴史叙述がないのです。つまりイデオロギー、アイデンティティーが不足しているのです。経済のバブルよりずっと昔の敗戦時に、日本にあった誤ったイデオロギーのバブルは崩壊し、それからずっと日本のイデオロギーは空っぽの状態が続いています。あなたが住む日本とはいったいどんな国で、世界の人々にどんな見方をしてほしいのか。日本のアイデンティティーを確固たるものにする歴史叙述が、緊急に必要とされているのです。

ですからこの本は、ハーバード大学の日本史が栄えていったという話では終わらないのです。私の経験と、読者のあなたがつながる話なのです。

マイケル・サンデルの言葉

白熱教室のマイケル・サンデル教授は言います。「わたしたちは、地球市民なのです」と。

どこの国で何が起こっても、それが瞬時に世界中に伝わり、たくさんの人々の生活に直結する時代です。歴史もそうです。日本史が国史として勉強される以外に、海外の人たちにとっての世界史として勉強される時代です。日本とは何か？　その質問に十分答えられるような、外交的な歴史叙述を日本内外で語りはじめていかなくてはならない時が来ているのです。日本の次世代イデオロギーの再構築の発端になるような歴史の語り方を考え、地球市民向けの日本史が早く出来上がるよう、皆でこの難題に立ち向かってほしいのです。

ハーバード大学の日本史は、数年で大きな変貌をとげました。そして、印象派歴史学にしても、イデオロギーの問題にしても、私個人のミッションはお話しした通りのものです。しかし、これは「他人事」ではないのです。私の話は、あなたに大いに関わりのある話だったわけです。

この機会に、日本の内部からも活発に日本史改革を進めてほしいのです。日本史とは、すでに教科書に書かれただけのものを読んで終わりではありません。つくるものです。生きものです。今そこにある、既成の日本史を積極的に考え直す姿勢を持ってみてほしいのです。

歴史にセンター試験の暗記教科、就職活動には意味がない文系科目というレッテルを貼るのではなく、生活の一部として位置づけて欲しいと思います。そうすれば、どこからかまた、新しいアイデアが生まれてくるはずです。若い世代の方こそ、若い世代のスタイルで、若い世代の将来に必要な歴史を考えてみていただければと思います。

20人のクラスに140人が

ハーバード大学3年目春学期の日本史教室も、1週間にわたるショッピング期間から始まりました。学生は休暇を楽しく過ごしてきたのでしょう。冬の寒さもものともせず、さらに輝きを増して学校に帰ってきました。そして、いつものように10ばかり気になるコースをリストアップして、ショッピング期間に備えていました。

私の春学期は、きりよく月曜日から始まりました。最初は「約束の歴史」のクラスでした。2年目に大学院生用のセミナーとして始めたこのクラスは、もちろんお手製です。受講した大学院生に好評で、キューの総合評価で5点満点がつき、今回からは学部生用のクラスになりました。今回は初めて学部生に教えるので助手はつけず、少人数のセミナーになればと思い、小さな部屋を予約していました。たまたまですが、そこは1年目の最初の「Lady Samurai」の授業で使った20席のセミナールームでした。

しかし、物事は思ったとおりには進みません。私はこれまで、100人超えのクラスを2つ教えていて、「ベスト・ドレッサー」賞や「思い出に残る教授」賞もいただいているので、ハーバード大学の学部生の多くは、Dr. Kitという愛称で呼ばれる私を知っています。アクティブ・ラーニングに味をしめている学生たちや、それに参加したいと思う学生もたくさんいるのでしょう。

トレンドに敏感な年頃の大学生たち。当然、彼らは私の新しいコースもチェック済みで、「約束の歴史」のクラスに、なんと１４０人もの受講希望者が集まってしまいました。もちろん１４０人全員を教えたかったのですが、１４０人級の大所帯のクラスには最低でも助手が７人ぐらいは必要です。あらかじめ数名の大学院生にコンタクトをとって準備をしたり、学部にも了承していただく必要があります。ショッピング期間が始まったこの時点で、20人の予定のクラスを急に１４０人用に差し替えることは到底無理でした。仕方なく、ふるいにかけて、最終的に抽選で2セクション分の36人にしぼることになりました。１００人あまりのハズレた学生たちには申し訳ない気持ちになりましたが、やむをえません。

もともとは大学院生向けのセミナーだった授業がこれですから、学部生向けの日本史のクラスはというと……。

２５１人の学生とともに

「Lady Samurai」のクラスは、火曜と木曜の午前11時半スタートです。

1年目のイェンチンの教室よりも、2年目のホールデン・チャペルよりも、さらに大きいローウェル・レクチャーホール。3年目の今学期は、コンサートホールからの出発です。前回のクラスより多少増えても大丈夫なように大きなクラスルームが予約され、もちろん念入りな準備もしておきました。150人くらいの見積もりです。

今回の強い味方は、助手さんたちです。去年の春学期の「Lady Samurai」と、秋学期の「KYOTO」の2つのコースを履修した学部生の男子3人と女子2人を、私のティーチングチームに新たにリクルートしました。助手さんは通常大学院生ですが、今回は学部生を異例の大抜擢です。5人の学生は快くこの仕事を受け入れてくれ、冬休みから作戦会議を2回開きました。さらにあと1人、同様に2つのコースで活躍した男子学生をウェブサイトの管理者として採用。通常の院生のみのティーチングチームを超えるために、今回はこの6人の賢い学部生を投入するという新戦略。最強の布陣を敷き、準備は万端です。

11時半。がやがやと賑わうローウェル・レクチャーホールに到着。すると、そのコンサートホールの1階席の190席はすでに満員。2階のバルコニー席にも、学生がちらほら見学に来ています。2階建てときたか……と思わず絶句でしたが、もう引き返せません。

授業開始5分前。見渡すとさらに学生が入っており、秋の「KYOTO」のクラスを履修して、春も日本史を勉強しようと戻ってきてくれた学生たちも大勢集まっていました。「KYOTO」のクラスにいた学生たちは、私の目をまっすぐに見てはにっこりし、帰ってきたよ、と満面の笑みを返してくれました。2階のバルコニー席から、ここに僕もいるよと手を振ってくれる学生もいます。彼らの様子には胸がいっぱいになりました。

あと数分とはいえ、ステージにじっとしているのもどうかと思い、新しい学生数人の近くに行って挨拶してみました。もちろん、初対面にもかかわらず元気な「Hello!」が返ってきます。彼女たちの顔をよくよく見ると、私の大冒険が始まった夏の暑い日、あの午後に見たクラスメートの目の輝きと同じ光が、彼女たちの目の奥にはっきりと見えました。あの時の光は、この好奇心による輝きに違いなかったと確信しました。200人を超える400以上の瞳にやどる光は、とてもまぶしいものでした。

11時37分。授業の時間です。ここまでくると、もう緊張などありません。がやがやとしたざわめきが急に静けさに変わり、全員が私に注目しています。しかし、ここは3年目の先生のちょっとした余裕で、一瞬にっこりとあたりを見渡してから、大きな声で授業を始めました。

このクラスの概要、課題の内容、つづいて日本史を勉強する理由。歴史が素敵な理由。私が先生になった理由。今回は途中で座り込むことなく、無事にスライドをめくりきり、授業が終了しました。火曜日も木曜日も、最後に拍手喝采で終わるという、最高のショッピング期間を過ごしました。

結局、この春、「Lady Samurai」に登録した学生の数は２５１人。ティーチングチームは15人。ハーバード大学３年目の春学期も、記録を大幅に更新しました。

また、楽しい日本史教室の始まりです。

あとがき

回顧録から始めたこの本ですが、ハーバード大学で教えている日本史の状況や意味だけでなく、いろいろなことに触れ、私にとって大切な記録になりました。この本の出版のきっかけを与えて下さった伊奈久喜様と伊藤幸人様、そして日本とケンブリッジの距離と時差を超え、最強の編集をしてくださった横手大輔様に深くお礼申し上げます。

日本にもカナダにもアメリカにも、恩人と友人がたくさんいます。遠くにいてもタイムリーにかけがえのない智恵と励ましの言葉をくれる人たち、近くで好きなだけ好きなことをやっていいと私を信じてくれる人たちがいて、私はいつも幸せです。ありがとう。ハーバード大学での3年間。累計600人を超える私の大事な生徒たちに、この本を捧げます。

日本からカナダに飛び立ったとき、ハーバード大学に夏期留学をしたとき、プリンストンに進学を決めたとき、そしてハーバード大学に赴任したとき。これまでも、まっさらなところから始めるプロジェクトはいつも楽しく、やりがいのあるものでした。現状を打ち破って、新しいチャレンジを探して、ここまで来ました。向上心と好奇心が、私の原動力。その最高のものを追い求めるアンビシャスな姿勢を失っては、私らしさがなくなります。

ハーバード大学で教えられたのは非常に有意義な経験でしたが、実は、さらに大きなプロジェクトに向かって、旅に出ようと思っています。まだまだ、これからが私の最高の時間。また未知の世界に向かって走り出すところです。これからも「可能性はいつも無限大」。次のプロジェクトが、はやく形になって、皆さんの前に現れますように。

読んでくださって、ありがとうございました。

2012年4月

北川智子

北川智子　1980（昭和55）年福岡県生まれ。ハーバード大学東アジア学部レクチャラー。カナダのブリティッシュ・コロンビア大学大学院でアジア研究の修士課程を修了後、プリンストン大学で博士号を取得。専門は日本中世史と中世数学史。

Ⓢ新潮新書

469

ハーバード白熱《はくねつ》日本史《にほんし》教室《きょうしつ》

著　者　北川智子《きたがわともこ》

2012年５月20日　発行

発行者　佐　藤　隆　信

発行所　株式会社新潮社

〒162-8711　東京都新宿区矢来町71番地
編集部(03)3266-5430　読者係(03)3266-5111
http://www.shinchosha.co.jp

印刷所　錦明印刷株式会社

製本所　錦明印刷株式会社

ISBN978-4-10-610469-5　C0221